中国优秀传统文化传承与创造性转化

郭一璇　陈　伶　李佳蔓◎著

吉林出版集团股份有限公司

图书在版编目（CIP）数据

中国优秀传统文化传承与创造性转化 / 郭一璇，陈伶，李佳蔓著. — 长春：吉林出版集团股份有限公司，2023.5

ISBN 978-7-5731-3193-5

Ⅰ．①中… Ⅱ．①郭… ②陈… ③李… Ⅲ．①中华文化—研究 Ⅳ．①K203

中国国家版本馆 CIP 数据核字（2023）第 072695 号

中国优秀传统文化传承与创造性转化
ZHONGGUO YOUXIU CHUANCHENG YU CHUANGZAOXING ZHUANHUA

著　　者	郭一璇　陈　伶　李佳蔓
责任编辑	滕　林
封面设计	林　吉
开　　本	787mm×1092mm　1/16
字　　数	312 千
印　　张	13.25
版　　次	2023 年 5 月第 1 版
印　　次	2023 年 5 月第 1 次印刷
出版发行	吉林出版集团股份有限公司
电　　话	总编办：010-63109269
	发行部：010-63109269
印　　刷	廊坊市广阳区九洲印刷厂

ISBN 978-7-5731-3193-5　　　　　　　　　定价：78.00 元

版权所有　　侵权必究

前　言

文化是一个国家一个民族的灵魂。习近平总书记指出："中华优秀传统文化是中华民族的精神命脉，是涵养社会主义核心价值观的重要源泉，也是我们在世界文化动荡中站稳脚跟的坚实根基。"学习与弘扬中华优秀传统文化，作为中华儿女义不容辞。

中华优秀传统文化是中华民族弥足珍贵的精神财富，是中华民族凝聚力和创造力的源泉。

当今世界各国之间竞争激烈，决定一个国家在国际舞台上处于何种位置的关键因素就在于综合国力的较量。传统的军事实力、经济实力的强弱已经不能完全反映一个国家的综合国力，当今世界各国的较量取决于科学技术和文化的较量。优秀传统文化的思想遗产至今仍然有突出的价值，积极继承和弘扬优秀传统文化有利于培育和践行社会主义核心价值观，有利于推进国家治理体系和治理能力，还有利于提升国家文化软实力，有利于塑造和树立良好的国际形象。优秀传统文化对树立中华民族的民族自豪感、责任感以及民族自尊心、自信心方面有着突出的价值。

本书针对中华优秀传统文化传承与创造性转化进行了详细的分析，首先介绍了中华优秀传统文化概念解析，然后重点分析了中华优秀传统文化中的美学魅力、中华优秀传统文化中的文学硕果以及中华优秀传统文化中的艺术宝藏，最后在中华优秀传统文化传承与创新措施分析以及中华优秀传统文化创造性转化等方面做出了重要探讨。

本书在编写过程中由于涉及的研究内容广泛，具有较强的综合性和应用性，在撰写过程中参考和借鉴了同行学者的研究成果,在此表示由衷的感谢。由于笔者水平有限,时间仓促,书中缺点错误和不妥之处在所难免,敬请读者批评指正,以便今后进一步修改,使之日臻完善。

目 录

第一章 中国优秀传统文化概念解析 …… 1

第一节 "文化"范畴之界定 …… 1
第二节 文化的特性 …… 2
第三节 中国优秀传统文化的主要贡献 …… 12
第四节 中国优秀传统文化的基本特征 …… 55

第二章 中国优秀传统文化中的美学魅力 …… 60

第一节 东方美学的追求 …… 61
第二节 中华美学的民族特征 …… 66
第三节 中华美学的魅力 …… 72
第四节 中国优秀传统文化与高校美学教育 …… 74

第三章 中国优秀传统文化中的文学硕果 …… 81

第一节 多姿多彩的散文 …… 81
第二节 从《诗经》到唐诗 …… 92
第三节 宋词与元曲 …… 97
第四节 小说与文学理论 …… 101

第四章 中国优秀传统文化中的艺术宝藏 …… 108

第一节 中国书法艺术 …… 108
第二节 中国绘画艺术 …… 114
第三节 中国传统音乐与舞蹈 …… 124
第四节 中国戏曲艺术 …… 129

第五章 中国优秀传统文化传承与创新措施分析 …… 141

第一节 中国优秀传统文化传承与创新的方向指引 …… 141
第二节 中国优秀传统文化的多元化传播路径 …… 146
第三节 中国优秀传统文化的创新型文化业态 …… 158
第四节 中国优秀传统文化传承路径 …… 169

第六章 中国优秀传统文化创造性转化 …… 184

第一节 创造性转化的内涵 …… 185
第二节 中国优秀传统文化创造性转化的意义 …… 186
第三节 如何推动中国优秀传统文化创造性转化 …… 190
第四节 中国优秀传统文化创造性转化、创新性发展的实践 …… 194

参考文献 …… 205

第一章　中国优秀传统文化概念解析

第一节　"文化"范畴之界定

什么是文化？"文"的本义是事物之纹理，"物相杂，故曰文"（《易传·系辞传》），"五色成文而不乱"（《礼记·乐记》）；后来为语言文字等符号象征及典章制度等，如孔子云："文王既没，文不在兹乎？"（《论语·子罕》）"化"的本义是改变、生成，如"男女构精，万物化生"（《易传·系辞传》）、"化性而起伪"（《荀子·性恶》）。战国末的《易传·贲卦·彖传》已有"文""化"联用，西汉后二字正式成为一词，如刘向云："文化不改，然后加诛"（《说苑·指武》），"文化"遂与"野蛮"相对表示人类的开化发展状态。

近代以来，中外学者对"文化"有不同说法。我国当代著名哲学家张岱年多次提出："人类改造自然环境的同时亦变易人性之成就，谓之文化，亦曰文明，亦曰人文。"文化即是人类改造自然同时改变人性的一切成就。"文化是人类处理人和世界关系中所采取的精神活动与实践活动的方式及其所创造出来的物质和精神成果的总和，是活动方式与活动成果的辩证统一。"著名学者庞朴认为文化是包括"物质的"（"外层"）、"理论、制度的"（"中层"）、"心理的"（"里层或深层"）三层结构的整体或系统，也属于最广义的文化界说。马克思指出："环境的改变和人的活动的一致，只能被合理地理解为变革的实践。"这种广义的文化，也就是人类在改造自然、改造社会、改造自身的社会历史实践中所创造的一切成果，包括人类物质文明、政治文明、生态文明与精神文明之总和，含有物质的、制度的、心理的诸多层面。

狭义的文化是与经济、政治相对而言的，如毛泽东指出："一定的文化是一定社会的政治和经济在观念形态上的反映。"著名哲学家张岱年认为："文化有着复杂的内容，包括哲学、宗教、科学、技术、文学、艺术、教育、风俗等，是一个包含多层次、多方面内容的统一体系。"英国文化学家泰勒认为文化"是包括全部的知识、信仰、艺术、道德、法律、习俗以及作为社会成员的人所掌握和接受的任何其他的才能和习惯的复合体"等。这种意谓上的文化，是包括哲学、宗教、科学、技术、文学、艺术、教育、风俗等在内的多层次、多方面的复杂体系，其核心是价值观和思维方式。本节是在广义文化的背景下专注于狭义文化特别是有关思想文化的探讨，既分析文化的静态结构，又注重文化的动态演变。换言之，也就是探讨中华传统文化在实现中国梦的历史过程中的创造性转化和创新性发展。

第二节 文化的特性

一、文化的系统完整性与要素可分性

文化问题的研究必须坚持唯物史观和唯物辩证法，这样才能正确揭示"文化"所包含的一系列基本矛盾。文化是包含多要素的复杂系统，那么，这些要素之间以及要素与整个文化系统之间的关系是怎样的？这是接下来我们要探讨的首要问题。

在现代中国文化史上，全盘西化论者陈序经认为文化是"人类为适应各种自然现象或自然环境而努力于利用这些自然现象或自然环境的结果"或"人类适应时境以满足其生活的努力的结果"。就"文化的特性的重心"而言，所谓文化包括"伦理方面""宗教方面""政治方面""经济方面"四种成分，它们是"文化的要素或元素"或"文化的特质与单位"，但他又认为这种要素或特质本身仅仅是"假定的、相对的、主观的"，"并非一种完全可以单独存在的单位"。其受英国文化学家泰勒（edward.Tylor）的文化"是包括全部的知识、信仰、艺术、道德、法律、习俗以及作为社会成员的人所掌握和接受的任何其他的才能和习惯的复合体（acomplexwhole）"的影响，陈序经最为强调文化是某种"文化丛杂"（Uuhurecomplex），而且文化要素或特质也都是一种复杂的丛体，而"丛杂"（complex）的最大特点就是其不可分割性。陈序经提出"因为文化的特质，是有关系的，所以文化一方面的波动，往往会影响文化的其他方面"，如宗教与政治、经济、道德之间有着"互相交错的关系"，所以"文化本身是一个丛杂，是不能分开的。分开是为着研究的便利起见，分开既没有一个准确的界线，分开是表面是工作，而非实体的本身"。也就是说，由于文化要素之间存在着"相成的关系""相反的关系""直接的关系"及"间接的关系"等复杂的连带关系，所以"文化各方面的特质，是不过我们的假定；在文化本身，并没有这么的一回事。其实文化是完全的整个，没能分解的"。由此，各种不同文化的差异就在于这种"文化的特性的重心"之差异。既然文化具有不可分割性，那么不同文化相接触的结果就不能是一种文化择取另一种文化的某种要素或特质，只能是全盘地、彻底地转变为另一种文化。通过对"文化丛杂"及"文化特质"的仔细剖析，陈序经揭示了一种文化体系内部诸要素之间的复杂、细微的关系，如他对科学与家庭、财产、政府、宗教、艺术、语言、物质文化、战争等之间关系的细密论述，对文化中心与文化边缘，北方文化与南方文化等的探讨都颇发人深思。但是，过于强调文化要素之间的联系固执于文化本身的不可分性，就不能正确揭示文化变迁、文化发展自身的内在客观规律，也就谈不到文化发展的自觉设计。

而在以毛泽东、张岱年等为代表的马克思主义文化综合创新学派看来，文化系统是具有可分性和综合性的。毛泽东总结了五四新文化运动的经验教训，指出"五四运动本身也是有缺点的。那时的许多领导人物，还没有马克思主义的批判精神，他们使用的方法，还是资产阶级的方法，即形式主义的方法。所谓坏就是绝对的坏，一切皆坏；所谓好就是绝对的好，一切皆好"。他主张运用马克思主义对"从孔夫子到孙中山"的丰富民族文化遗产进行批判总结，"剔除其封建性的糟粕，吸收其民主性的精华"继承其中的"许多珍贵品"并进而"把这些遗产变成自己的东西"。他后来还多次指出，"我们接受外国的长处，会使我们自己的东西有一个跃进"，但"中国的和外国的要有机地结合，而不是套用外国的东西"。只有把西方文化本土化、中国化，在中国社会和文化的基础上面"批判地吸收西洋有用的成分"，实现中国文化和西方文化之优长的有机结合，才能真正"创造中国独特的新东西"。显而易见，中外文化的"有机结合"，是以肯定文化系统的可分性与重组性为前提的。

张岱年认为，任何文化系统都具有可分性或可析取性，不仅"同一文化系统或不同的文化系统所包含的文化要素之间有相容与不相容的关系。有些不同的文化要素，虽然似乎相反，实际上却是相辅相成、相互补充。如果仅取其一个而排斥另一个，就会陷于偏失，引起不良的后果"，而且"不同的文化系统包含一些共同的文化要素，也各自包含一些不同的文化要素。前者表现了文化的普遍性，后者表现了文化的特殊性"。任何文化系统都由许多要素、成分或单元构成，要素之间有必然联系和非必然联系、相容与不相容之区别。例如，"三纲"不能脱离中国封建思想体系；科学创新只能产生于学术自由、独立思考的环境中；民主与专制、科学与迷信、宗教和无神论、平等思想和等级观念、专制主义与学术自由都不能相容。清末"中学为体，西学为用"的根本错误就在于企图把三纲五常的封建旧伦理与近代的西方科学技术相结合，以致被严复讥讽为"牛体马用"；社会主义基本制度同市场经济、道德教育和法律制度都可以相容。不仅如此，一切文化都有其内在的对立或矛盾，每一民族文化中都具有陈腐的文化与进步的文化、鄙陋的传统与优秀的传统这两种文化，如列宁指出："每一个现代民族中，都有两个民族。每一种民族文化中，都有两种民族文化。一种是普利什凯维奇、古契诃夫和司徒卢威之流的大俄罗斯文化，但是还有一种是以车尔尼雪夫斯基和普列汉诺夫的名字为代表的大俄罗斯文化。"又如，哲学体系之中包含的概念、范畴、命题等理论环节都是有"见"亦有"蔽"，如马克思、恩格斯发现了黑格尔哲学系统与其方法的矛盾，在批判其哲学系统的同时却剥取了黑格尔辩证法的合理内核。

总之，任何文化都是包含多种要素的复杂体系，但它们之间并不是铁板一块，有的要素是密切结合不可离析的，但有些要素不但可以离析而且是彼此差异、对立、矛盾的，"一切符合客观实际的正确思想必然能够脱离原来的系统而独立存在；一切适合社会发展需要的文化成果也必然是并行不悖、彼此相容的"——这是文化继承与创新的基本依据。从文化系统的角度来看，"文化的发展过程就是文化的不同要素的新故推移、选择取舍的过程""文化系统的新陈代谢，固然要靠文化要素的增减损益，但根本改造的途径在于旧系统结构的解构和新形态结构的重构"。到今天，我们应该在马克思主义的指导下实现中国传统文化、西方文化的一切有价值的文化成果的空前的大综合，努力创造超越资本主义文化的、更高水平的中国特色社会主义新文化。在这个问题上，我们既要防止固执于整体性而夸大其不可分性的"全盘西化"论，也要反对误用文化的可分性而忽视其系统性的"中体西用"论这两种思维偏向。张岱年"既肯定了文化的整体性，又肯定了文化的可分性，克服了东方文化派和全盘西化派的笼统的思维方式"，这种立场和方法对我们今天的文化研究仍有重要的启迪作用。

二、文化的历史连续性与时代变革性

人类文化的历史发展过程，体现出鲜明的连续性与变革性、累积性与创新性相统一的特点。文化的连续性既表现为文化发展方向的一贯性、稳定性，又表现为文化精粹成果的累积性。文化的变革性则比较复杂，它既可能是文化由低级形态到高级形态的飞跃，也可能是发展过程的断裂或由高级水平向低级水平的堕落，飞跃与歧路、弯路、歪路、死路往往并存。总体上来看，人类文化的发展历程是"变"中有"常"，由低级到高级的曲折历程。

列宁指出，社会主义文化要"吸收和改造了两千多年来人类思想和文化发展中一切有价值的东西"。张岱年也认为："社会主义文化要否定资本主义文化，然而于资本主义文化亦非无所取，对于资本主义文化之有价值的文化遗产，是要选择的承受的。"后起的新文化既要继承前期文化的积极成果，也要反对机械照搬，如"中体西用"论是以中国的纲常名教为体，以西方的船坚炮利为用，是一种企图用西方先进的科学技术来维护中国封建的旧文化、旧制度的典型的保守主义理论。西方近代的资产阶级民主制度与"自由""平等"理念有其特殊的民族特色、时代背景、阶级利益和特定内涵，也不能机械地照搬到中国来。

列宁认为："应当明确地认识到，只有确切地了解人类全部发展过程所创造的文化，只有对这种文化加以改造，才能建设无产阶级的文化……无产阶级文化应当是人类在资本主义社会、地主社会和官僚社会压迫下创造出来的全部知识合乎规律的发展。"在新民主主义革命时期，毛泽东主张在中国化马克思主义指导下批判地接受中国传统文化和国外文化并加以创新，认为符合中国社会实际和时代需要的中国新文化要有一个从新民主主义文化到社会主义文化的过渡，这种新民主主义文化必须坚持无产阶级文化思想（共产主义思想）的指导地位，"既不是资产阶级的文化专制主义，又不是单纯的无产阶级的社会主义，而是以无产阶级社会主义文化思想为领导的人民大众反帝反封建的新民主主义"。以批判、继承、改造、创新为基本环节的文化发展规律，按照"古今中外法"创造出来的只能是民族的、科学的、大众的新民主主义文化。民族的、文化的民族性包括以中华民族为本位，以"我们今天用得着"为标准，但主要是指马克思主义和西方文化的民族化，也就是要与中华民族的特点相结合，体现出一定的民族形式。科学的、文化的科学性是反对封建迷信思想而追求实事求是，理论和实践相统一。毛泽东主张"在党内组织一个启蒙运动"，以唯物主义、辩证法和独立思考来反对主观主义、教条主义和奴隶主义。大众性、文化的大众性即民主性，其含义有：第一，主体性，人民大众是中国新文化的主体；第二，群众性，在思想感情上与人民群众打成一片；第三，通俗性，使用群众的语言，接近群众的水平，是群众所喜闻乐见的。显然，这种新文化必然是反映人类社会发展的一般规律和共产主义伟大理想的"中国自己的、有独特的民族风格的东西"，只有这种真理性与人民性相统一的新文化才能够确立中华民族的文化自信，正确指引中国文化的发展道路。同样的，著名思想史家侯外庐亦主张"一方面是继承过去时代的遗产，另一方面是把这个遗产赋予了新的时代精神""使过去历史的有价溪流都倾注汇合于伟大的社会主义文化的洪流巨潮里面"，这种新文化既要继承中国民族的悠久文化历史和优良传统，同时也要实现中国学术的民族化和科学化。

因此，从生产力、生产关系的历史递嬗与文化自身演变的角度来看，文化体现着连续性与变革性、绝对性与相对性的统一。在这个问题上，既要防止固执于文化之"常"而拒斥变革性的因循守旧，也要反对固执于文化之"变"而盲目割裂连续性的文化虚无主义这两种思维偏向。当代中国特色社会主义文化建设，必须科学地扬弃人类一切符合客观实际、适合社会发展的客观需要的文化成果，自觉创造人类文化发展的新境界。

三、文化的民族独创性与对外交融性

文化的民族性与世界性、独创性与交融性的关系,是文化的特殊性与普遍性关系的具体表现。毛泽东指出:"矛盾的普遍性和矛盾的特殊性的关系,就是矛盾的共性和个性的关系。其共性是矛盾存在于一切过程中,并贯串于一切过程的始终,矛盾即是运动,即是事物,即是过程,也即是思想。否认事物的矛盾就是否认了一切。这是共通的道理,古今中外,概莫能外。所以它是共性,是绝对性。然而这种共性,即包含于一切个性之中,无个性即无共性。假如除去一切个性,还有什么共性呢?"习近平总书记也指出:"强调民族性并不是要排斥其他国家的学术研究成果,而是要在比较、对照、批判、吸收、升华的基础上,使民族性更加符合当代中国和当今世界的发展要求,越是民族的越是世界的。解决好民族性问题,就能有更强能力去解决世界性问题;把中国实践总结好,就有更强能力为解决世界性问题提供思路和办法。这是由特殊性到普遍性的发展规律。"这种矛盾的共性与个性的论断,也适用于文化问题的研究。

在20世纪20年代的中国现代文化史上,有的学者认为中国文化是主静的、西方文化是主动的,以及中国文化是精神文明、西方文化是物质文明等,这些议论都是脱离人类社会实践的抽象观点。20世纪30年代,全盘西化论者倾向于夸大文化的普遍性而否定了中国文化的民族性。如陈序经认为"地理的基础""生物的基础""心理的基础"等文化对象都只具有人类的一般性而没有民族的特殊性,他认为民族与文化完全可以两份,"文化的本身,是整个人类所共有共享的东西,而不是任何一个国家,任何一个民族的专有或专利品;所以说文化亡,不见得民族也随之而亡",因此,如果一种文化被判定为低级文化,那么它的所有文化要素就在整体上都失去其存在的价值,这个文化所在的民族所需要做的只是完全接纳一种水平更高的外来文化。只要有一种文化的发展水平超越了其他文化,那么其他文化就必须通过"模仿"先进文化而求得进步，在"模仿"中而有新发明、新创造。陈序经对"地理的基础""生物的基础""心理的基础"等文化对象，实际上都"只是从客体的或者直观的形式去理解，而不是把它们当作人的感性活动，当作实践去理解"，他试图破除"狭义的国家主义"的"国界以至种族的区别于偏见"，希望创造"世界主义的文化"来保证人类和平，却看不到民族的生存与发展是文化所围绕的中心，看不到"文化"背后的民族利益与阶级利益的差异、对立与冲突，可谓"只见文化不见人"；忽视了一个民族文化的特殊贡献的当下意义，也就失去了汲取先进文化的内在基础和主动性、主导性、选择性和创造性，而表现为所谓"先进文化"向"落后文化"整体上的机械平移。

中国马克思主义文化综合创新学派则认为文化是民族性与世界性的统一。毛泽东高度重视中国文化的民族主体性，他指出我们信奉马克思主义是正确的思想方法，这并不意味着我们忽视中国文化遗产和非马克思主义的外国思想的价值。"我们的态度是批判地接受我们自己的历史遗产和外同的思想。我们既反对盲目接收任何思想也反对盲目抵制任何思想。我们中国人必须用我们自己的头脑进行思考，并决定什么东西能在我们自己的土壤里生长起来。"他既反对割断历史也反对盲目崇拜旧文化，主张运用马克思主义对"从孔夫子到孙中山"的民族文化遗产进行批判总结，"剔除其封建性的糟粕，吸收其民主性的精华"，继承其中的"许多珍贵品"并"把这些遗产变成自己的东西"。社会主义建设时期，毛泽东指出，"说中华民族的东西没有规律，这是否定中国的东西，是不对的。中国的语言、音乐、绘画，都有它自己的规律"，主张"以中国艺术为基础，吸收一些外国的东西进行自己的创造为好"。总之，"中国人还是要以自己的东西为主"，"向古人学习是为了现在的人，向外国人学习是为了今天的中国人"。始终强调在改进和发扬中国传统的基础上创造独特的新文化是毛泽东文化观的重要特点。张岱年认为："文化有世界性，也有民族性，其不同之点，即其独特的贡献；其特色的地方，即其独立的创造。"这种"独特的贡献"和"独立的创造"就是一个民族文化的"一贯精神"和"民族精神"，即使是同一发展阶段的不同民族也有"民族精神"的差异，如"在同一资本主义时代之中，英国文化与法国文化不同，法国文化与德国文化不同，英国有其英吉利精神，法国有其法兰西精神，德国又有其日耳曼精神"，因此不能因为文化时代性、世界性而抹杀文化的民族性，抹杀一个民族对人类共同文化特殊贡献的恒久价值。侯外庐总结了"中国社会史论战"的经验教训，指出各方的主要偏差是"公式对公式、教条对教条，很少以中国的史料做基本立脚点"和"形式上占有了一些中国古代的材料，而实际上忽略了中国古代社会的基本法则"，其"本质在于没有找到研究中国古代的科学路径"。由此，他从中国早期文明"亚细亚的古代"的改良路径出发，"谨守考证辨伪的方法"，"力求把马克思主义同中国古代史料结合起来，做统一的研究"，揭示人类社会发展的普遍规律与各民族文明演变的具体路径。

"中华文化源远流长，积淀着中华民族最深层的精神追求，代表着中华民族独特的精神标识，为中华民族生生不息、发展壮大提供了丰厚滋养。"文化的世界性寓于文化的民族性之中，人类文化是各民族文化多元并存、交相辉映的统一体。因此，对待人类诸文化的正确态度是：一方面，必须保持全世界各民族文化的多样性、多元性，尊重各民族独立选择发展道路的自主性、创造性。从来不会有放之四海而皆准的唯一的文化模式，不能以某种特定的文化模式来限制各民族的文化发展道路，苏联文化模式并不适合其他民族，美国文化模式同样也不是人类文化发展的最高典范，各民族都应该立足于其历史传统和具体国情而自主选择其发展道路，创造性地追求"理生合一"的圆满境界。同样地，多民族国家内部、各地区之间也应该充分尊重其文化资源的特殊性，选择突出地方文化特色的发展模式，防止简单复制和盲目趋同。另一方面，必须看到各民族文化都有其优点与弊端，都需要在平等开放的环境中对话交流、和谐共生，多民族文化的共存不是自身的生存威胁而是发展机遇，"不同民族的不同类型的文化传统，彼此之间，相互影响，交光互映，这是文化发展的正常情况。摄取外来文化，从而丰富自己的文化传统，这是文化发展的一个正常途径"。机械的、狭隘的文化冲突论是没有出路的，"天下同归而殊途，一致而百虑"（《易传·系辞传》），各民族文化的和衷共济、百花齐放、共同繁荣才是人类文化的正道。

陈寅恪曾提出："其真能于思想上自成系统，有所创获者，必须一方面吸收输入外来之学说，一方面不忘本来民族之地位。"张岱年对此深表赞同，认为对艰难转型中的中国传统文化而言，"一方面不要使中国文化完全为西洋所克服而归于消亡，要使中国仍保持其特色的文化；同时另一方面，又要使中国文化与世界文化相适应，使中国文化变成新的，而成为新的世界文化之一部分。也即是，固要吸纳西洋文化，却又要避免为西洋所同化；其吸纳西洋文化，要按着一种标准，但此标准是依中国文化之特性及现代的需要来决定的。换言之，是要建设新的中国文化，既非旧文化，也非西洋文化之附庸"。中国文化必须在确保自身的民族独立性的前提下"截长补短，兼采并纳西洋近代之收获，以裨益固有之精神，而卓然自立于世，与人并驾不仅追随于后"；必须在全盘西化、保守旧文化和平庸调和之间另辟新路，走出一条中国特色社会主义文化的发展大道。

实践证明，只有在唯物史观基本原理与唯物辩证法的对立统一规律、质量互变规律、否定之否定规律的指引下，我们才能够正确理解文化的系统性与可分性、连续性与变革性、民族性与世界性等一系列基本矛盾，从而为我们进一步深入探究中国传统文化及其当代发展提供方法论基础，这就要求我们牢牢把握中国传统文化的整体性与可分性、变革性与连续性、独创性与交融性的辩证统一。中国特色社会主义新文化，要在马克思主义指导下"对于中国传统与西方文化进行分析选择，然后将古今中外的一切有价值的文化成就综合起来"。在分析、综合的过程中还要对古今中外文化之精粹做进一步的改造与提高，并且要有新的发现、发明，从而超越中西文化已有文化而达到新的境界。文化创新必须以已有文化成果为基础和前提，在批判继承上有所前进、有所创造，而新创造必须以对中国传统文化的取精去粗、去伪存真、批判继承为基础。"我们要虚心学习借鉴人类社会创造的一切文明成果，但我们不能数典忘祖，不能照抄照搬别国的发展模式，也绝不会接受任何外国颐指气使的说教。"我们既要坚持文化开放、文化交流、文化融合，容纳外来文化以促进中国文化的发展；又要弘扬中华民族的文化主体意识，保持自己文化的独立性和独创性，只有这样才能够像中国文化成功消化印度文化那样顺利完成"西学东渐"的历史任务。从历史上来看，中国传统文化经历了孔子对三代文化的综合创新，汉初黄老道家和新儒学对诸子百家的综合创新、中国化佛教的综合创新，宋明理学的综合创新和近代以来的中西马综合创新等基本阶段，当代中国特色社会主义新文化的创建，则必须以马克思主义普遍真理为指导，发扬继承中国文化的优良传统，同时吸收近现代西方文化的先进成就，只有这样才能实现中国文化的当代复兴。这是中国特色社会主义新文化建设必须遵循的客观规律。

第三节　中国优秀传统文化的主要贡献

我们要坚持阶级分析与理论分析相结合的科学态度，按照是否符合客观实际，是否适合社会发展的客观需要即科学性、客观性与进步性、人民性相统一的判断标准，对中国传统文化特别进行科学的分疏和扬弃。中国传统文化的主要贡献，主要体现在以下八个方面。

一、"自然两一"的宇宙观

中国传统文化和哲学是一个独到的积极内容，就是有着源远流长的唯物主义思想，而且表现唯物主义无神论和辩证思维在一定程度上的紧密结合。在本体论和宇宙论上，中国哲学坚持本体与现象、实在与过程的统一。自先秦开始就有比较发达的辩证思维，足以与希腊辩证法相媲美；每个时期也都有唯物论的代表人物及典型学说，这为现代中国文化的健康发展奠定了坚实基础。

中国古代唯物主义思想最早可以追溯到西周末的阴阳和五行观念。春秋时期，郑国子产开始怀疑关于天道的迷信，认为"天道远，人道迩。非所及也，何以知之？"（《左传·昭公十八年》），否认天象变化与人事吉凶有某种神秘联系。道家创始人老子开始探讨天地起源问题，提出"道法自然"（《老子》第二十五章）、"功成事遂，百姓皆谓我自然"（《老子》第十七章）、"道之尊，德之贵，莫之命而常自然"（《老子》第五十一章），所谓"自然"就是自己如此之意，实际上否认了"帝"的主宰地位，其"道"范畴具有存在与过程之统一的深湛内涵。不仅如此，老子还揭示了正与反的统一性，其反向辩证思想可以概括为"反者道之动，弱者道之用"，这对中国哲学的发展有深刻影响。儒家创始人孔子怀疑鬼神存在，提出"学"与"思"、"富"与"教"关系的正确见解。他的"时""逝""生""中庸""两端"等观念都含有一定的辩证思维，这是孔子学说的重要精华。到战国时期，惠施提出"至小无内，谓之小一"（《庄子·天下》引）的"小一"说，与《管子》"精也者，气之精者也""凡人之生也，天出其精，地出其形，合此以为人"（《内业》）的"精气"说，都可看作中国特色的原子论思想。《庄子》提出："人之生，气之聚也，聚则为生，散则为死。……故曰：通天下一气耳。"（《知北游》）"通天下一气"是显著的唯物主义命题，对后来的气一元论有深刻影响。《管子》已经提出"天不变其常，地不易其则"等观点，战国末期的荀子继之而提出"天行有常，不为尧存，不为桀亡""制天命而用之"（《荀子·天论》）等思想，完全否定对主宰之天、人格之天的盲目信仰；他既肯定自然规律的客观存在，又强调发挥人的主观能动性，实际上是另一种形式的"天人合一"。法家的集大成者韩非试图从人口与财富的关系来解释历史的演变，蕴含着类似于唯物史观的某些萌芽。《易传》的"刚柔相推而生变化""一阴一阳之谓道""日新之谓盛德，生生之谓易"等光辉命题，揭示了在自然界、社会生活中普遍存在的对立统一规律，可谓先秦辩证思维的最高发展，这种变易哲学奠定了中国优秀传统文化的思想基础。

两汉时期，杨雄重新提出了"自然"观念；桓谭则有"人死如烛灭"的命题；王充提出"天地，含气之自然也"（《论衡·谈天》）、"元气，天地之精微也"（《四讳》），批判流行的神学目的论及"天人相感"思想，区别天道自然无为和人道行求有为，并讨论了物质生活与道德的关系。魏晋南北朝隋唐时期，裴頠提出"夫总混群本，宗极之道也。方以族异，庶类之品也。形象著分，有生之体也。化感错综，理迹之原也"（《崇有论》），"宗极之道"即原始的浑一无分之气。他认为"济有者皆有也，虚无奚益于已有之群生哉？"（《崇有论》）论证了"有"的根本性。范缜提出"形质神用"的命题，解决了形神关系。唐代柳宗元提出"唯元气存"的元气一元论思想。刘禹锡哲学思想的主要特征是，对以前长期争论不休的"天人相与之际"的问题进行了比较系统的总结，认为"天之能，人固有所不能也；人之能，天亦有所不能也。吾固曰：万物之所以为无穷者，交相胜而已矣，还相用而已矣。天与人，万物之尤者耳"（《天论》），这种"天人交相胜、还相用"命题把古代唯物主义推向了新的阶段。

张载是宋明时代唯物主义传统的奠基人，提出"凡可状皆有也，凡有皆像也，凡象皆气也"（《正蒙·乾称》）、"太虚无形，气之本体，其聚其散，变化之客形尔"（《诚明》），"太虚"与现代英国哲学家亚历山大（Alexander）所谓"空时"（Space-time）相近，"张子谓太虚乃气之本体，即谓空时非纯然无有，而乃物质之本原。空时凝结而成最细微的物质，最细微的物质聚合而成通常的物质。所以张子的本根论，确实可以说是一种唯物论"。张载还提出关于事物变化基本规律的精湛学说，肯定事物的普遍联系，认为变化有"著""渐"两种形式，其"两、一"思想是对立统一规律的精要表述。

明末清初王夫之的"哲学思想是中国近古时代唯物主义和辩证法思想的最高峰"，他继承张载"太虚即气"（《正蒙·太和》）观点，认为"天人之蕴，一气而已"（《读四书大全说》卷十）、"凡虚空皆气也，聚则显，显则人谓之有；散则隐，隐则人谓之无"（《张子正蒙注·太和》），肯定气是唯一的实在，论证了物质世界的客观存在，规律的客观性及物质世界的永恒性；他提出"动"的绝对性与"静"的相对性关系，肯定对立面的统一，阐述了物质与运动的密切联系，在道器、理气、有无、能所等问题上都提出唯物主义的光辉论断，从而在唯物主义立场上对宋明哲学思想做了一个总结。

中国古代唯物主义学说在一定程度上体现了唯物观点与辩证思维的有机结合，这在"气"与"诚"两个范畴上有集中表现。"气"指一切有广袤、能运动的存在，"诚"是客观实在性与客观规律性的统一。张载、王夫之等一些哲学家"将唯物主义与辩证法有机地结合在一起"，可以称为中国特色的"辩证唯物主义"。中国的实际既有政治、经济的实际，又有文化、传统的实际，马克思主义的中国化不仅包括马克思主义与中国革命、建设实际相结合，还包括马克思主义与中国优秀传统文化及哲学相结合的中国传统唯物论注重对立统一观点、整体观点与过程观点的辩证思维，与马克思主义的唯物史观和唯物辩证法有契合之处，这既是马克思主义中国化的深厚土壤，也是中国传统文化现代转型的必由之路。我们研究学术问题、处理实际事物，都要努力贯彻唯物主义和唯物辩证法。当代思维方式的现代化，既要发挥既有的辩证思维的优良传统，更要学会现代缜密分析、进行试验的科学方法，做到分析与综合的统一。

二、"知行合一"的认识论

同西方哲学相比，中国的传统哲学以人生哲学、政治哲学为主体，认识论不够发达，但认识论仍然是中国传统哲学的重要组成部分，历代哲人都对认识问题有着坚持不懈的探索，其中蕴含着诸多重要的理论贡献和时代价值。

（一）"因所以发能、能必副其所"的认识发生过程论

主体与客体的明确区分，是人类认识得以发生的逻辑前提。"主体"和"客体"两个名词在西方哲学史上都出现得较晚，但中国古代哲学家曾经以其特有范畴对主客体关系问题进行了缜密探讨并得出了重要结论。

在中国哲学史上，最早明确地区分主客体的是《管子》的"其所知，彼也；其所以知，此也"（《心术上篇》）命题，其中的"所以知"（"此"）即是认识主体，而"所知"（"彼"）即是认识客体。春秋时期的孔子提出"人""己"关系的问题，主张"己欲立而立人，己欲达而达人"（《论语·雍也》），明确肯定人的主体地位和自觉精神。我国春秋时期最早的军事著作《孙子兵法》提出了"知彼知己，百战不殆"的深邃思想，其中也包含着对主体（"己"）与客体（"彼"）之间辩证关系的正确理解。战国时期的墨家区分了"所以知"与"物"，提出"知，材也"（《墨子·经上》），所谓"材"即认识的主体条件；此外，墨家还认为"知也者，所以知也，而不必知"（《墨子·经说上》）、"以其知遇物而能貌之"（《墨子·经说上》），认为主客体相接触才是认识发生的必要条件。先秦哲学的集大成者荀子继承了《管子》以来的"所以知"的思想，提出"凡以知，人之性也；可以知，物之理也"（《荀子·解蔽》），在当时的历史条件下对主客关系做出一定总结。南宋时，儒家大师朱熹把"彼""此"关系发展为"主客之辨"，认为"知者，吾之心知；理者，事物之理。以此知彼，自有主客之辨，不得以此字训彼字也"（《朱子文集》卷四十四）。

汉代以后的中国哲学往往把"能知"与"所知"演变为"能""所"包括的范畴，明末清初的王夫之对此进行了明确界定，认为"境之俟用者曰'所'，用之加乎境而有功者曰'能'"，强调"所不在内……能不在外"（《尚书引义》卷五）、"乃以俟用者为所，则必实有其体；以用乎俟用，而以可有功者为能，则必实有其用"（《朱子文集》卷四十四），充分肯定了主体与客体具有客观实在性，从而有力地批判了佛教等主观唯心主义把主客体归于"心""识"并"消所以入能"的根本错误。

中国传统哲学还深入探讨了主客体之间的关系。先秦墨家"以其知遇物"、荀子"知有所合谓之智"的命题都包含了主体与客体相结合的意谓。南宋叶适论述了"己""物"关系，认为"自用则伤物，伤物则己病"（《水心别集》卷七），应该以心"应物""通物"，并以"弓矢从的，非的从弓矢"（《水心别集》卷五）形象地说明了主客体的统一。王夫之对主客体关系做出了最明确的论述，提出"体俟用，则因所以发能；用乎体，则能必副其所"（《尚书引义》卷五）的著名论断，客体是主体作用的对象，而主体具有作用于客体的实际能力，即发生于主客体的对立统一关系中。他进而把"所""能"概括为"体""用"关系，"所著于人伦物理之中，能取诸耳目心思之用"（《尚书引义》卷五），客体是主体的基础和依据，而主体要依赖和反映客体。王夫之"因所发能、能必副所"，由"耳目"到"心思"以获得"人伦物理"的思想，既唯物又辩证地回答了主体和客体之间的关系问题。

上述这些重要思想对我们今天正确发挥人的主体能动性，正确处理人与自然、人与社会的关系仍具有一定的启发意义。

（二）"天官薄类、心有征知"的认识发展过程论

与认识发生密切联系的是认识的发展过程问题，中国传统哲学比较深入地探讨了感性认识与理性认识的相互关系。

在"我国古代认知论史中最早的一篇具有哲学认知论性质的著作"——《尚书·洪范》中，就已经有关于"视""听"与"思"的论述。孔子把属于感性认识的"学"与属于理性认的"思"作为认识的两个阶段，"思"可以判断和选择，"择其善者而行之，其不善者而改之"（《论语·述而》）；也可以由"多学""学而识之"而实现"一以贯之"（《论语·卫灵公》）的认识飞跃。墨家肯定认识来自"百姓耳目之实"（《墨子·非命上》）或"众人耳目之情"（《墨子·非命中》）的感觉经验，认为"知，接也"（《墨子·经上》），"知以目见，而且以火见，而火不见，惟以五路知"（《经说上》），感官（"目"）与外物（"火"）相接而有"知"，这就反映了唯物主义的反映论。《墨经》还提出"智，明也"（《经上》），"智"就是"以其知论物，而其知之也著"（《经说上》），"论"即比较而辨其伦次。墨家在"循所闻而得其意"（《经上》）命题中明确表达了感性认识（"闻"）与理性认识（"意"）的统一。道家提出"知者，接也"（《庄子·庚桑楚》），这是墨家观点的继承；在"庖丁解牛"（《庄子·养生主》）的寓言中也有对认识发展问题的讨论，充分肯定了由"技"到"道"的认识飞跃。荀子比较明确地说明了认识来源及其两个发展阶段，认为人有"耳目鼻口形，能各有接而不相能也，夫是之谓天官"的感官与"心居中虚，以治五官，夫是之谓天君"（《荀子·天论》）的理性能力，心对感官具有主导作用，"心者，形之君也，而神明之主也"（《荀子·解蔽》）。他把认识过程分为"缘天官"与"心有征知"两个相互联系的阶段，"征知""必将待天官之当簿其类然后可"（《荀子·正名》），而"天官薄类"也有待于心之"征知"。他还认为"心"既可以"兼陈万物而中县（悬）衡"，从而"众异不得相蔽以乱其伦"（《荀子·解蔽》），克服种种片面性而达到对事物的全面认识；又可以"坐于室而见四海，处于今而论久远，疏观万物而知其情，参稽治乱而通其度，经纬天地而材官万物，制割大理，而宇宙理矣"（《荀子·解蔽》），即具有形象思维和逻辑推理作用。韩非认为"孔窍者，神明之户牖也"（《韩非子·喻老》），认识来自感官；又提出"思虑熟，则得事理"（《韩非子·解老》），在感性认识的基础上还要由"思虑"得"道理"，充分肯定了感性认识与理性认识的统一。西汉杨雄提出"多闻则守之于约，多见则守之于卓"（《法言·吾子》）、"学以治之，思以精之"（《法言·学行》），肯定"多闻、多见"与"约、卓"，以及"学"与"思"的统一。东汉王充提出"人无耳目则无所知"（《论衡·论死》），认为"圣贤不能性（生）知，须任耳目以定情实""如无所见，则无所状""知物由学，学之乃知"（《论衡·实知》），一切认识最终都来自"耳目"感官。他认为在"目见口问"的基础上还要"以心意议""夫论不留情澄意，苟以外效立是非，信闻见于外，不诠于内，是用耳目论，不以心意议也。……是故是非者，不徒耳目，必开心意"（《论衡·薄葬》），"闻见于外"与"诠于内""任耳目""开心意"是密切联系的两个认识发展阶段。

宋明理学对感性认识与理性认识的辩证关系有着深刻理解。张载一方面认为"见闻之知，乃物交而知""人谓己有知，由耳目有受也；人之有受，由内外之合也"（《正蒙·大心》）；另一方面又强调在"见闻之知"的基础上还要"穷理""见物多，穷理多，如此可以尽物之性"（《张子语录》卷上）。程颐也认为"闻见之知"是"物交物则知之，非内也；今之所谓博物多能者是也"（《河南程氏遗书》卷二十五）、"凡一物上有一理，须是穷致其理"（《河南程氏遗书》卷十八），肯定认识是一个由"博物"到"穷理"的发展过程。朱熹认为"如今人理会学，须是有见闻"（《朱子语类》卷九十八），在"见闻"的基础上还须"思"，不能思则"蔽于外物"（《孟子集注·告子章句上》），这就要求"博观"与"内省"的统一（《朱子语类》卷九）。朱熹把"格物致知"解释为"即物而穷其理"（《大学章句》），也包含了由感性认识上升到理性认识的合理思想。南宋叶适认为"君子不可以须臾离物"（《水心别集》卷七）、"非知物者不能至道"（《习学纪言序目》卷四十七《四言诗》）、"欲折衷天下之义理，必尽考详天下之事物而后不谬"（《水心文集·题姚令威西溪集》），并提出"内外交相成之道"的著名命题，认为"耳目之官不思而为聪明，自外入以成其内也。思曰睿，自内出以成其外也。……古人未有不内外交相成而至于圣贤"（《习学记言》卷十四），认识是耳目感官与内心思维交相作用的结果。"内外交相成之道"明确表达了感性认识与理性认识的统一，在中国传统哲学认识论中占有重要地位。明代王廷相提出"事物之实核于见""事理之精契于思"（《慎言·见闻篇》），认为"神者，在内之灵；见闻者，在外之资。……夫圣贤之所以为知者，不过思与见闻之会而已"（《雅述上篇》），理性认识（"思虑"）以感性认识（"见闻"）为前提，而对感性认识也要上升到理性认识，因此"博于外而尤贵精于内"（《慎言·潜心篇》）。方以智提出"人所贵者心，而不离五官"（《通雅》卷一）、"学焉而后能之"（《东西均·译诸名》）；"学"之外更要"悟"，"理以心知，知与理来"（《物理小识》卷一）。

他进而把认识概括为"质测"与"通几"两个发展阶段，提出"质测即藏通几"（《物理小识·自序》）而"通几护质测之穷"（《愚者智禅师语录》卷三），即具体知识与一般规律相互利用。王夫之认为"一人之身，居要者心也；而心之神明，散寄于五藏，待感于五官"（《尚书引义》卷六），"五官"与"心"也就是"格物"与"致知"的关系，"博取之象数，远证之古今，以求尽乎理，所谓格物也。虚以生其明，思以穷其隐，所谓致知也"（《尚书引义》卷三），直接经验与理性思维是辩证统一的，"非致知则物无所裁，而玩物以丧志；非格物则知非所用，而荡智以入邪"（《尚书引义》卷三）。他进而认为"格物"与"致知"还有主次之别，"心官与耳目均用，学问为主，而思辨辅之"（《读四书大全说·大学》）；而"致知"则是"唯在心官思辨为主，而学问辅之"（《读四书大全说·大学》）。清代戴震提出"味也，声也，色也，在物而接于我之血气；

理义在事而接于我之心知"（《孟子字义疏证》卷上），"血气"接触"事物"而得到感官经验，再由"心"的思虑之能而上升到"理"（理性认识）。他认为感官可以"物至而受迎之"，心则"驯而至于神明"（《原善》中），因此既主张"闻见不可不广"，又强调"务在能明于心"（《孟子字义疏证》卷下），也肯定了感性认识与理性认识的统一。

毛泽东认为："理性认识依赖于感性认识，感性认识有待于发展理性认识，这就是辩证唯物论的认识论。"我国古代哲学家所提出的"天官薄类、心有征知""不徒耳目，必开心意""内外交相成之道""思与见闻之会"等命题，都不同程度地揭示了感性认识与理性认识的辩证关系，这是传统认识论的一个积极贡献。

（三）"知行相资以为用"的知行关系论

"知行关系"的问题，即人类自身的认识和实践这两种能动的活动之间的关系问题。中国传统哲学"知、行"问题的突出特点是明确肯定知与行、认识与实践的辩证统一。

在"行"与"知"何为第一性的问题上，古代哲学家充分肯定了"行"对"知"的决定作用，《左传·昭公十年》就已经有"非知之实难，将在行之"的论断。孔子提出"言之必可行"（《论语·子路》）、"听其言而观其行"（《论语·公冶长》）、"行有余力，则以学文"（《论语·学而》），特别强调"躬行"（《论语·述而》）。墨子提出"言足以复行者常（尚）之，不足以举行者勿常（尚）"（《墨子·耕柱》）、"士虽有学而以行为本"（《墨子·修身》），肯定"行"高于"言""学"。荀子提出"不闻不若闻之，闻之不若见之，见之不若知之，知之不若行之。学至于行之而止矣"（《荀子·儒效》），认为"行"是"知"的目的。朱熹认为"'知之非艰，行之维艰'，工夫全在行上"（《朱子语类》卷十三），肯定"行"重于"知"。王廷相认为"事机之妙得行，徒讲说者浅"（《慎言·见闻篇》），明确主张"讲得一事即行一事，行得一事即知一事，所谓真知矣"（《王廷相集》卷二十七《与薛君采》之二）。王夫之明确提出"行可兼知""行"是"第一不容缓"（《读四书大全说》卷四）的，这是典型的实践第一性的观点；他认为"艰者先，先难也；非艰者后，后获也"（《尚书引义》卷三），并通过具体事例而提出"饮之食之，而味乃知"（《四书训义》卷二），进而认为"知也者，固以行为功者也，行也者不知为功者也。行焉，可以得知之效也，知焉未可以得行之有效也"，认识必须依赖于实践，只有实践才能取得成功。王夫之明确的意识到唯物主义和唯心主义两种知行观就表现为"未尝离行以为知"与"离行以为知""尊知而贱行"的对立，再进一步提出行、知是矛盾主次方面的关系，"行可兼知，而知不可兼行"（《尚书引义》卷三）。清代颜元重"习"崇"实"，把"格物致知"的"格"解释为"犯手去做""格物谓手实做其事"（《颜习斋先生言行录》），提出"手格其物，而后知至"（《四书正误》卷一），强调"身习而实践之"（《存学编·学辨一》），充分肯定了"习行""实践"在认识中的根本地位。

　　中国古代哲学还肯定了"知"对于"行"的指导作用，许多哲学家明确主张知行统一。墨子提出"言必行，行必果，使言行之合犹合符节也，无言而不行也"（《墨子·兼爱下》）。荀子认为"知明而行无过"（《荀子·劝学》），他区分了"入乎耳，著乎心，布乎四体，形乎动静"的"君子之学"与"入乎耳，出乎口"的"小人之学"，又提出"察，知道；行，体道"（《荀子·解蔽》），强调知行一致。朱熹提出"知行常相须"（《朱子语类》卷九）、"论先后，知为先；论轻重，行为重"（《朱子语类》卷九），主张"致知力行，用功不可偏"（《朱子语类》卷九），这样就可以收到"知之愈明，则行之愈笃；行之愈笃，则知之益明"（《朱子语类》卷二十四）的良好效果。王廷相认为"知之精由于思，行之察亦由于思"（《慎言·潜心篇》），并进而主张"知行兼举"（《慎言·小宗篇》）、"讲学、力行并举"（《慎言·见闻篇》），还强调"深省密察"与"笃行实践"(《慎言·潜心篇》)的统一。王夫之认为"要以行听乎知,而其知也愈广大、愈精微,则行之合辙者愈高明愈博厚矣"(《读四书大全说》卷四)、"察事物所以然之理,察之精而尽其变,此在事变未起之先,见几而决,故行焉而无不利"(《张子正蒙注·神化篇》),知可以增强行动的预见性而指导行动成功。他既承认知行之分,"功可得而分,则可立先后之序"(《读四书大全说》卷四);又肯定知行相互渗透、相互作用,"知行终始不相离"(《读四书大全说》卷三)、"知行并进而有功"(《读四书大全说》卷四)、"唯其各有致功,亦各有其效,故相资以互用"(《礼记章句》卷三十一),知行的辩证统一具体体现为"由知而知所行,由行而行则知之"的循环往复、无限发展的过程之中,由行得知、因知进行、知行并进,人类的认识能力与实践水平都不断提高,从而"知能日新""日进于高明而不穷"(《思问录·内篇》)。

实践观点是马克思主义的基本观点,毛泽东曾对知行关系做出科学的论述,指出"实践、认识、再实践、再认识"这种形式,循环往复以至无穷。从一定意义上可以说,王夫之"知行相资以为用,并进而有功"的命题是最接近于这一辩证唯物主义认识论的理论雏形。重新回顾和客观评价古代知行观的积极贡献,这对于我们加深理解对改革开放的伟大实践活动与科学发展观之间的密切关系具有重要的意义。

(四)"三表""符验"的认识检验论

马克思指出"人的思维是否具有客观的(gegenstSndliche)真理性,这并不是一个理论的问题,而是一个实践的问题。"中国哲学的一个优良传统,就是强调"以行验知""以行证知"。

先秦墨家最先提出的认识标准问题,主张"言必立仪"以确定"是非利害之辨"(《墨子·非命上》),明确提出了"三表"的真理检验方法,"仪""表"即"表准"或标准,三表就是"本之于古者圣王之事""原察百姓耳目之实""发以为行政，观其中国家百姓人民之利"（《墨子·非命上》），也就是以前人的间接经验、群众的直接经验、社会政治的实际效果作为判断标准。荀子提出"凡论者贵其有辨合，有符验；故坐而言之，起而可张设，张而可施行"（《荀子·性恶》），言论既要有事实的依据，又要可"行"。韩非进而提出"参验"（《韩非子·显学》），要求"循名实以定是非，因参验而审言辞"（《韩非子·奸劫弑臣》），并提出"参伍之道"即"行参以谋多，揆伍以责失。……言会众端，必揆之以地，谋之以天，验之以物，参之以人"（《韩非子·八经》），这既包括事实的排列比较、经验的互相参照，也包括实践效果的验证。西汉杨雄重"验"，提出"无验而言之谓妄"（《法言·问神》）的命题。东汉王充重"实"，以"疾虚妄"的精神而主张"实事之验"（《论衡·案书》）、"引物事以验其言行"（《论衡·自然》），认为"事莫名于有效，论莫定于有证"（《论衡·薄葬》），"凡论事者，违实不引效验，则虽甘义繁说，众不见信"（《论衡·知实》），主观认识要合乎客观实际。王充把"耕夫""刺绣"之"女工"等生产实践活动都纳入其认知论中，在一定意义上接触到了"实事之验"的本质，这具有十分重要的理论意义。

北宋张载主张以"共见共闻"（《正蒙·动物》）、"断事无失"（《横渠先生行状》）作为检验标准。南宋叶适提出"无验于事者，其言不合；无考于器者，其道不化"（《水心别集·进卷总义》），强调"功利"在检验认识中的重要作用，认为"既无功利，则道义乃无用之虚语耳"（《习学纪言》卷二十三），认识必须有其实际效果才具有真理性，王廷相认为"近世学者之敝"就是"不于实践处用功，人事上体验"（《王廷相集》卷二十七《与薛君采》之二），主张"学者于道……验诸天人，参诸事会，务得其实而行之"（《慎言·见闻》），以实践来对学说来进行检验。王夫之提出"行焉，可以得知之效也；知焉，未可以得行之有效""得而信，失而疑，道乃益明"（《尚书引义》卷三要求以"行"来检验"真知",只有"力行"才能断定"知之真"(《四书训义》卷十三)。颜元提出"人之为学,心中思想,口中谈论,尽有百千义理,不如身上行一理之为实也"(《颜习斋先生言行录·习过之第十九》),只有"实做其事"(《颜习斋先生言行录·刚峰第七》)是检验真知的正确途径。

中国传统哲学"以行验知""以行证知"的理论命题实质就是以"行"(实践)作为检验真理的最终标准,这与"通过实践而发现真理,又通过实践而证实真理和发展真理"是基本一致的。1978年真理标准问题的讨论极大地促进了改革开放的顺利进行,我们今天仍然面临着继续解放思想、实事求是的现实问题,古代哲学家"以行验知""以行证知"思想仍然是具有宝贵的理论价值和直接的现实意义。

(五)"学思并重"即"物穷理"的致知方式论先秦哲学家都探讨了致知方式的问题。

老子提出"观复"即发现事物变化之"常",这主要是一种"物或损之而益,或益之而损"(《老子》第四十二章)辩证思维。《庄子》主张"以明",认为"彼出于是,是亦因彼"(《庄子·齐物论》),其合理因素是超脱人为偏见而揭出对立之交参互函,从而达到对事物的全面认识。《庄子》还提出"见独"与"体道",主张"不以心捐道,不以人助天"(《庄子·大宗师》)、"无思无虑始知道,无处无服始安道,无从无道始得道"(《庄子·知北游》),二者都是一种直觉方法。孔子兼重"学""思",认为"学而不思则罔,思而不学则殆"(《论语·为政》)。他主张"多学而识"(《论语·卫灵公》)、"博学于文"(《论语·雍也》),《论语》就载有"子入太庙,每事问"(《论语·八佾》)。在"学"的基础上还要"思","默而识之"(《论语·述而》)以达到"以一贯之"(《论语·里仁》)之道。孔子又提出"叩其两端"(《论语·子罕》)以达到对事物的全面认识。孟子重"思",认为"心之官则思,思则得之,不思则不得也"(《孟子·告子》),"心"能够克服耳目等感官"蔽于物"的不足而认识"理义";他提出"博学而详说之,将以反说约也"(《孟子·离娄》),由"博"反"约"是孟子方法论的主旨。荀子针对认识的片面性提出"兼陈万物而中县(悬)衡"(《荀子·解蔽》)的认识方法,他注重"类不悖,虽久同理"(《荀子·非相》)的类比推理,主张"以近知远,以一知万""以人度人,以情度情,以类度类"(《荀子·非相》)。荀子进而认为"精于物者以物物,精于道者兼物物,故君子壹于道,而以赞稽物"(《荀子·解蔽》),由"物"到"类"再到"道"是认识的不断拓展和深化。秦汉儒家的《易传》也注重对事物的观察和辨析,提出"观乎天文以察时变,观乎人文以化成天下"(《彖传》)、"仰以观于天文,俯以察于地理"(《系辞上传》),既肯定"见天下之赜"(《系辞上传》)的必要性,又强调"观其会通""易简而天下之理得"(《系辞上传》),主张"赜"与"简"的统一。墨子提出"摹略万物之然"(《墨子·小取》),注重对客观事物的观察与辨析;又提出"类""故"观点,强调"知类"(《墨子·公输》)以"明其故"(《墨子·非攻下》)并进而"知来"(《墨子·鲁问》),即通过提出概念范畴、辨别事物的因果关系以对未来有所预见,这在自然科学的探索中具有重要作用。后期墨家进一步提出"闻、说、亲"的概念,"亲"是亲身实践获得直接经验,"闻"主要是获得别人的间接经验,"说"是以"类"的方式进行推理,并主张"以名举实,以辞抒意,以说出故"(《经上》),对形式逻辑的发展做出了重要贡献。名家惠施、公孙龙也都注重对事物的观察,惠施"遍为万物说……散于万物而不厌"(《庄子·天下》),其对"历物十事"的分析表明"他注意并善于从部分把握整体,从多把握少,从有限把握无限,从差异把握同一",其中包含着辩证思维的合理因素。公孙龙探讨了一般与个别的关系,在著名的"离坚白"命题中,他在"'坚、白、石三,可乎?'曰:'不可'"的表述中肯定了"坚、白、石"的统一性,同时又认为"得其所白,不可谓无白;

得其所坚，不可谓无坚""得其白，得其坚，见与不见离。不见离，——不相盈，故离"（《公孙龙子·坚白论》），辨析了"石"所蕴含的"坚、白"两种内在属性，其中包含着对分析方法的重视。

东汉王充主张"方比物类"（《论衡·薄葬》），要求"推原事类"即以"类"的方式对事物进行归纳，从而"案兆察迹""揆端推类"（《论衡·实知》），发现事物发展变化的内在联系而"处来事"（《论衡·实知》）。北宋张载深刻阐述了对立统一的辩证思维，认为"两不立则一不可见，一不可见则两之用息"（《正蒙·太和》），在认识方法上也主张全面观察事物之"两一"。程颐把《大学》的"格物致知"解释为"凡一物上有一理，须是穷致其理。……须是今日格一件，明日又格一件，积习既多，然后脱然自有贯通处。"（《河南程氏遗书》卷十八），在积累的基础上发生质的飞跃即可由个别之理达到一贯之道，其中包含着关于科学归纳法的合理因素。朱熹认为"即凡天下之物，莫不因其已知之理而益穷之，以求至乎其极。至于用力之久，而一旦豁然贯通焉，则众物之表里精粗无不到，而吾心之全体大用无不明矣"（《大学章句》），他在认识论上的一个重大贡献是肯定了分析与综合的统一，一方面主张"析之极其精而不乱"（《大学或问》），另一方面又强调"合尽之其大而无余"（《大学或问》），既要"知其粗"又要"晓其精"（《朱子语类》卷十八）。明代王廷相提出"理可以会通，事可以类推，智可以旁解"（《王廷相集》卷三十三《石龙书院学辩》），由"知其理"可以"知来"（《慎言·五行篇》）。方以智反对"离一贯之多识"与"离多之一贯"（《一贯问答》）两种错误偏向，主张"多识"与"一贯"、"博"与"约"的统一，王夫之肯定孔子的"学""思"并重思想，认为"致知之途有二，曰学曰思。……二者不可偏废，而必相资以为功"（《四书训义》卷六），认为"学""思"也就是"格物"与"致知"的关系，"船山所谓格物，是验事以得理，实即今所谓归纳法；其所谓致知，是专用思以穷理之隐，实即今所谓演绎法"。清初颜元注重"习行"，批评"以讲读为求道之功"（《存学编》），主张"犯手实做其事"（《四书正误·大学》），从"习行"中获得真知，表现出了勇于创新的理论品格。戴震注重分析，强调"理义在事情之条分缕析"（《孟子字义疏证》卷上）、"必就事物剖析至微而后理得"（《孟子字义疏证》卷下）。

中国古代哲学家从多个方面对致知的方式进行了探索，其中既有辩证思维方法，又有演绎与归纳、分析与综合等具体方法。但从整体上来说，我国古代的逻辑分析方法还是不够完善，这与实证科学的不发达直接相关。我们今天既要发挥辩证思维的优良传统，又要学会缜密分析的科学方法。深入总结、继承和发扬古代致知方式的积极贡献，对于实现思维方式的现代化具有重要的意义。

（六）"修此知彼"的主体修养论

张岱年指出："中国哲学中的方法论，有根本倾向，即注重致知与道德修养的关联，认为两者不可分，乃是一事。"深刻探讨认识谬误产生的缘由，高度重视认识主体的精神修养是中国传统哲学的一个特异贡献。

《管子·心术》首先提出"不修之此，焉能知彼"的命题，充分强调主体修养对认识的重要性，并以"静""因"为修养方法，"因"即"舍己而以物为法者也"，主观要"以物为法"以如实地反映客观，"因此者，无益无损也"。"因"以"虚""静"为前提条件：第一，"修之此，莫能如虚矣。虚者，无藏也"，在认知事物之前不能有预先的成见，为此要"洁其宫，开其门，去私毋言，神明若存"，所谓"无藏"也就是"去私"，这样就可以使精神保持正常状态；第二，"静乃自得"，"毋先物动者，摇者不定，躁者不静，言动之不可以观也"，做到了"虚""静""因"就能够"感而后应""缘理而动"，达到对事物的正确认识。孔子明确提出"蔽"的问题，认为"好仁不好学，其蔽也愚；好知不好学，其蔽也荡；好信不好学，其蔽也贼；好直不好学，其蔽也绞；好勇不好学，其蔽也乱；好刚不好学，其蔽也狂"（《论语·阳货》），而克服"蔽"的方法就是

"学而不厌"（《论语·述而》）、"学而知之"（《论语·季氏》）。《论语》又载孔子反对"毋意，毋必，毋固，毋我"（《论语·子罕》）而提倡以"知之为知之，不知为不知"（《论语·为政》）作为求知的基本态度。孟子提出"求放心"，以"专心致志"（《孟子·告子上》）作为学习的必要条件。道家高度重视主体修养，老子提出以"为道日损"（《老子》第四十八章）、"涤除玄览"（《老子》第十章）作为认识的主体条件。庄子明确主张"且有真人而后有真知"（《庄子·大宗师》），认为"道隐于小成，言隐于荣华"（《庄子·齐物论》），满足于既有知识和浮华言辞是导致是非争辩的原因，因此要超脱人我彼此之界限而力求"以道观之"。

荀子对先秦认识论进行了理论总结，提出了比较系统的主体修养学说。他继承了孔子对"蔽"的认识，指出"蔽于一曲"（《荀子·解蔽》）而又曲意掩饰造成认识谬误的主要原因。那么"蔽"的原因又是什么呢？从其客观方面来说，"凡万物异，则莫不相为蔽"（《荀子·解蔽》）；从主观方面来说，"凡观物有疑，中心不定，则外物不清。吾虑不清，则未可定然否也……以疑决疑，决必不当；夫苟不当，安能无过乎？"（《荀子·解蔽》）。为了防止认识的片面性，荀子继承和发展了《管子》的"虚""静""因"思想，提出"虚壹而静"的修养方法。所谓"虚"即"不以所已藏害所将受"。"已藏"与"将受"之间是辩证统一的关系，对新的事物不能预存成见，不以已有的认识妨害新的认识。荀子认为"心生而有知，知而有异"，多种认识同时发生乃是"心"之必然，因此"壹"或专一并非消极排斥其他认识，而是"不以夫一害此一"，对每一个认识对象都要专心致志，并能够顺利做到注意力可以在不同认识对象之间的转换，以达到"异也者同时兼知之"的认识效果，这是对《管子·心术下》"专于意，一于心"的继承与发展。荀子认为"心未尝不动也"，但"动"和"静"之间有其统一，"静"就是不以"梦剧"等消极心理扰乱心知，以保证正常的思维活动，"虚""壹""静"

三者的统一即为认知的境界——"大清明"。韩非提出"思虑静""孔窍虚"的修养学说，主张"用神也静"（《韩非子·解老》）、"执一以静"（《韩非子·扬权》），这就要求"去喜去怒，虚心以为道舍"（《韩非子·扬权》）以摆脱"无缘而妄意度"的"前识"，从而达到"缘道理以从事"（《韩非子·解老》）的认识目的。

北宋邵雍的《皇极经世·观物外篇》认为"任我则情，情则蔽，蔽则昏矣"，主张"因物则性，性则神，神则明矣"。张载要求"不以嗜欲累其心，不以小害大、末丧本焉"（《正蒙·诚明》），认为"'穷神知化'，乃养盛自致，非思勉之能强"（《正蒙·神化》），肯定道德修养对于认识的重要作用。程颐认为"入道莫如敬，未有能致知而不在敬者"（《河南程氏遗书》卷三），"敬"即专心一意，"人心不能不交感万物，难为使之不思虑？若欲免此，惟是心有主。如何为主？敬而已矣。有主则虚，虚谓邪不能入。无主则实，实谓物来夺之。大凡人心不可二用，用于一事，则他事更不能入者，事为之主也。事为之主，尚无思虑纷扰之患，若主于敬，又焉有此患乎？所谓敬者，主一之谓敬"（《河南程氏遗书》卷十五）。南宋朱熹也强调"为学须是专一"（《朱子语类》卷八），如果"为利欲所昏"就不能"致其知"（《朱子语类》卷十五），因此主张"将致知者，必先有以养其知。……欲养其知者，惟寡欲而已矣"（《朱子语类》卷十八），"寡欲"也即"存其心"，由此而"知益明""得益固"。

楼宇烈认为："强调认识过程中的主体修养，认为认识活动与道德修养有密切关系，是中国传统哲学的一大特征。"古代哲学注重克服认识主体的片面性，要求在认识过程中养成一种虚心、专一、宁静的精神状态，这在今天看来仍然是正确的。同时，中国传统哲学的这一特征与古代学者强调身心修养，注重思想、学说与实际生活相结合的"知行合一"思想也有密切关系。今天重新思考古代的主体修养学说，对我们重新培养"知行一贯的精神"有深刻的启迪意义。

三、"义利两有"的人生观

中国传统哲学的核心是人生哲学，"人生论是中国哲学所特重的。可以说中国哲学家所思所议，三分之二都是关于人生问题的"。中国古代的哲学家们在天人关系论、人性论、人生价值论、人生理想论、道德修养论等方面进行了大量探索，留下了丰富的思想遗产，其中仍有许多思想值得我们珍视和借鉴。

（一）"人为最灵""天人合一"的天人关系论

中国传统人生哲学往往以"究天人之际"为开端，即首先探讨人在天地之间的地位和天人之间的关系问题。总体上来看，一些哲学家从量上论述人之形体的局限性和个体生命的有限性，认为"吾在天地之间，犹小石小木之在大山也。方存乎见少，又奚以自多"（《庄子·秋水》）。但大多数哲学家都肯定人在宇宙中的卓越地位，如老子认为："故道大，天大，地大，人亦大。域中有四大，而人居其一焉。"（《老子》二十五章）许多哲学家从不同角度强调人超越其他物类的优异特性，如墨子重"力"，认为人"赖其力者生，不赖其力者不生"，由此而异于"禽兽麋鹿蜚鸟贞虫"（《墨子·非乐上》）。荀子从宇宙层次论上提出："水火有气而无生，草木有生而无知，禽兽有知而无义，人有气有生有知亦且有义，故最为天下贵也。"（《荀子·王制》）肯定"有义"是人的根本特征。秦汉儒家提出"人者，天地之心也"（《礼运》），认为人可以达到宇宙之自觉。汉代董仲舒认为人"粲然有文以相接，欢然有恩以相爱"（《汉书·董仲舒传》），因而"超然万物之上而最为天下贵"，可以"下长万物"而"上参天地"（《春秋繁露·天地阴阳》）。周敦颐认为："二气交感，化生万物，万物生生，而变化无穷焉，唯人也得其秀而最灵。"（《太极图说》）邵雍提出："人之所以灵于万物者，谓其目能收万物之色，耳能收万物之声，鼻能收万物之气，口能收万物之味。……人也者，物之至者也。"（《皇极经世·观物内篇》）戴震亦肯定人超越于"卉木之生""飞走蝡动之俦"而为"天地至盛之征",能够认识其他物类之性而"以驯以豢""良农以莳刈""良医以处方"(《原善》)。总之,古代哲学家从宇宙论和劳动、智慧、伦理道德等角度论证了人在宇宙中的卓越价值,强调人应该具有不同于他物的生存方式和生活方式。

传统天人关系说主要有"天人之分"与"天人合一"两种基本类型。"天人之分"思想萌芽于传说中颛顼时代的"绝地天通",以荀子和刘禹锡为代表。荀子提出"明于天人之分,则可谓至人矣"(《荀子·天论》),既肯定"天行有常"又主张"制天命而用之"(《荀子·天论》),揭示了客观规律与人类主观能动的辩证统一;刘禹锡认为"天之道在生植,其用在强弱。人之道在法制,其用在是非",主张"天与人交相胜"(《刘禹锡集·天论》)。这种思想区别天道与人道,蕴含着人对自然界的主体地位和改造自然等合理因素。"天人合一"在天人关系说中居主导地位,周宣王时的"天生蒸民,有物有则;民之秉彝,好是懿德"(《诗经·大雅·荡之什》)是"天人合一"观念之滥觞。所谓"天"虽然有自然之天、主宰之天、义理之天等内涵,但最基本的含义是指自然界,人与自然的关系是传统天人合一思想中最具有当代价值的精粹内容。正确认识人与自然的关系不仅有助于克服狭隘的人类中心主义,超脱流俗以提升精神境界,还有助于建立更高水平"天人合一"的生产方式和生活方式。特别是《中庸》"赞天地之化育""与天地参"命题,与《易传》"先天而天弗违,后天而奉天时"(《乾卦·文言传》)和"裁成天地之道,辅相天地之宜"(《泰卦·相传》)命题都肯定人与自然既区别又统一,强调人在遵循自然规律的前提下赞助自然、调整自然、改善自然而实现天人调谐的理想境界,可与恩格斯"我们每走一步都要记住:我们决不像征服者统治异族人那样支配自然界,决不像站在自然界之外的人似的去支配自然界——相反,我们连同我们的肉、血和头脑都是属于自然界和存在于自然界之中的;我们对自然界的整个支配作用,就在于我们比其他一切生物强,能够认识和正确运用自然规律"的观点相映照,我们应该以人民群众的社会实践为基础进行现代转化,使其在建立人与自然和谐共存、持续发展的生态文明中发挥积极作用。

(二)"人禽相分""人之为人"的社会人性论

中国传统哲学对人性或人的本质问题进行了深入探索,揭示了人性的多重含义,并往往以人性论作为整个人生论的理论基础。

总体上传统哲学对"性"的界定主要有三种观点。观点一:一些哲学家注重人所具有的自然本能,如告子提出"生之谓性""食色,性也"(《孟子·告子上》),荀子讲"凡性者,天之就也""不事而自然谓之性"(《荀子·性恶》),戴震认为"人之血气心知本乎阴阳五行者,性也"(《孟子字义疏证》卷上)。观点二:一些哲学家更重视人的社会性、伦理性、智能性,这是中国哲学家的突出贡献。孔子讲"性相近"(《论语·阳货》),又云"鸟兽不可与同群,吾非斯人之徒与而谁与?"(《论语·微子》)其所谓"性"乃人所特有之性。孟子所谓"性"特指"人之所以异于禽兽者"(《孟子·离娄下》),他提出"恻隐之心,人皆有之;羞恶之心,人皆有之;恭敬之心,人皆有之;是非之心,人皆有之。恻隐之心,仁也;羞恶之心,义也;恭敬之心,礼也;是非之心,智也。仁义礼智,非由外铄我也,我固有之也"(《孟子·告子上》),"仁义礼智"是人区别于禽兽的根本特征,这"四端"只要"集义"以"扩而充之"(《孟子·公孙丑下》)就能够达到"大丈夫"(《孟子·滕文公下》)的崇高境界,所谓"先立乎其大者,则其小者弗能夺也"(《孟子·告子上》)充分肯定了道德高于"味、色、声、臭"等自然属性。荀子虽然讲"性者天之就",但他所强调的是"人之所以为人者""以其有辨也"(《荀子·非相》),认为"力不若牛,走不若马,而牛马为用,何也?曰:人能群,彼不能群也。人何以能群?曰:分;分何以能行?曰:义"(《荀子·王制》)。作为人与禽兽之根本区别的"义"是自然属性之改易，即"圣人化性而起伪，伪起而生礼义"（《荀子·性恶》），这种"化性"思想肯定了人的主体能动性和创造性。戴震认为"人以有礼义，异于禽兽，实人之知觉大远乎物则然"（《孟子字义疏证》卷中），强调人以其"知"而"有礼义"。观点三：宋明理学家试图为人性论提供宇宙论的依据，在"气质之性"外提出"天地之性"（《正蒙·诚明篇》）或"极本穷原之性"（《河南程氏遗书》卷三），而"自性而行皆善也，圣人因其善也，则为仁义礼智信以名之"（《河南程氏遗书》卷二十五），这实际上是把伦理道德抬高作为宇宙的根本原则，其合理性则在于肯定人与宇宙的统一性。从宇宙论上讲人性的观点，比较平实的是王夫之的"性日生日成"观点，他认为"夫性者生理也，日生则日成也。则夫天命者，岂但初生之顷命之哉？……故天日命于人，而人日受命于天。故曰性者生也，日生而日成之也"（《尚书引义》卷三），既肯定人性有天的根源，又强调"已生以后，人既有权也，能自取而自用也"，从而把客观禀授与主体能动性统一起来。

　　从当代哲学的立场来看，在经过重新释义之后，可以把"极本穷原之性""生之谓性""人之所以异于禽兽者"作为人性的三层内涵：其一，从人与自然相统一的角度来看，人与其他物类共存于宇宙统一体中，人性有着物质世界生生不息的客观依据；其二，"食色""血气"等自然属性是人性的内容，是人与其他生物共同具有的特征；其三，人性的主导因素应该是"人之所以异于禽兽者""人之所以为人者"的特异性质。传统儒家对"性"的界定虽有不同，但都以"理义"或"礼义"作为人超然于禽兽的根本标志；墨家则认为"力"是人之不同于禽兽的特点。马克思主义认为实践性是人的本质属性，"人的类特性恰恰就是自由的自觉的活动"，我们应该在社会实践的基础上汲取传统人性论的合理因素，既肯定人与自然的统一性，又肯定自然本能与道德属性、智慧属性的统一，促进人类物质生活与精神生活的协调发展。

(三)"良贵""能群""贵己""齐物"的人生价值论

人生的价值问题是人生哲学的重要内容，中国传统哲学对此进行了深入探讨。先秦价值论以儒道墨三家为代表。

儒家高度重视道德的内在价值，孔子区别以仁为内在价值的"仁者安仁"与以仁为外在价值的"知者利仁"（《论语·里仁》），而以仁者高于知者；他赞扬"匹夫不可夺志也"（《论语·子罕》），肯定普通人的独立人格。孟子提出："人人有贵于己者，弗思耳。人之所贵者，非良贵也。赵孟之所贵，赵孟能贱之。"（《孟子·告子上》）以仁义礼智为内涵的"天爵"或"良贵"即人所固有的内在价值，它高于"人爵""赵孟之所贵"等外在的世俗价值。荀子讲"意志修则骄富贵，道义重则轻王公，内省而外物轻矣"（《荀子·修身》），强调"道义"的价值高于外在的富贵。

儒家还注意到人的外在价值，如孔子云"夫仁者，己欲立而立人，己欲达而达人"（《论语·雍也》），仁是"己立"与"立人"、"己达"与"达人"的统一。他以"知、仁、勇"（《论语·子罕》）为理想人格的内涵，并强调"吾非斯人之徒与而谁与？"（《论语·微子》）、"苟有用我者，期月而已可也，三年有成"（《论语·子路》）、"我待贾者也"（《论语·子罕》），肯定为天下所用的外在价值。孟子倡导"以德行仁者王……以德服人者，中心悦而诚服也""以不忍人之心，行不忍人之政，治天下可运之掌上"（《孟子·公孙丑上》）。荀子认为"仁义"是"彼固天下之大虑也，将为天下生民之属长虑顾后而保万世也"（《荀子·荣辱》），肯定道德（"义"）能够保障人们的整体利益、长远利益。总体上来看，虽然儒家在兼顾内外价值的同时又表现了重"内"轻"外"的倾向，但肯定道德自觉、追求人格尊严与社会责任相统一的理论仍然具有积极意义。

道家的显著特点是强调真善美等人为价值的相对性，要求超越相对价值而达到绝对价值。老子云:"天下皆知美之为美,斯恶已;皆知善之为善,斯不善已。"(《老子》第二章)主张追求"不可得而亲,不可得而疏,不可得而利,不可得而害,不可得而贵,不可得而贱,故为天下贵"(《老子》第五十六章)。《庄子》提出:"物固有所然:物固有所可,无物不然,无物不可。故为是举莛与楹,厉与西施,恢诡谲怪,道通为一。"(《齐物论》)又云:"以道观之,物无贵贱。以物观之,自贵而相贱。以俗观之,贵贱不在己。"(《秋水》)道家由此揭示了"仁义"的两重性:"大道废,有仁义;智慧出,有大伪;六亲不和,有孝慈;国家昏乱,有忠臣"(《老子》第十八章),"彼窃钩者诛,窃国者为诸侯;诸侯之门而仁义存焉,则是非窃仁义圣智邪"(《庄子·胠箧》),主张"夫至德之世,同与禽兽居,族与万物并,恶乎知君子小人哉?"(《庄子·马蹄》),表达了对等级制度的批评和对平等自由的向往。

墨家提出"义,利也"(《墨子·经上》)、"利,所得而喜也。害,所得而恶也"(《墨子·经上》)、"义利,不义害"(《墨子·大取》)等命题,认为"义"具有达到"国家百姓人民之利"(《墨子·非命上》)的外在价值。后期墨家进而提出"仁,爱己者非为用己也,不若爱马者"(《墨子·经说上》),肯定"仁"具有内在价值,因而墨家在总体上也肯定了内外价值的统一。在价值观的问题上,中国传统人生哲学对生义、义利、德力、理欲、和同等问题进行了探讨。

春秋时期的隐者之流追求"洁其身"(《论语·微子》)。道家重"生",杨朱讲"为我"(《孟子·尽心上》)、"贵己"(《吕氏春秋·不二》),老子讲"长生久视之道"(《老子》七十五章),庄子要求超脱人世之是非而"保身、全生"(《庄子·养生主》)。儒家重"义",孔子讲"义以为上"(《论语·阳货》),又肯定"知生"(《论语·先进》)的重要,在生与仁、义冲突时强调"杀身以成仁"(《论语·卫灵公》)。孟子既肯定"生"之重要,又讲"舍生而取义"（《孟子·告子上》）。"杀身成仁""舍生取义"陶铸了中华民族的伟大气节。王夫之讲"珍生"而反对"贱形、贱生"（《周易外传》卷二），又强调"务义"（《尚书引义》卷二）而讲"生以载义"（《尚书引义》卷五），达到了对生义关系的正确理解。

中国传统道德的主题是发端于先秦的"义利之辩"，它"包含个人利益与群体利益的关系问题以及精神生活与物质生活的关系问题"。一般来说，"义"训"宜"，指以公正为核心的道德原则、道德义务等，是"人之所以异于禽兽者"（《孟子·离娄下》）或"人之所以为人者"（《荀子·非相》）；"利"一般是指物质利益如财富、地位等，又有私利与公利之别。春秋时期晏婴提出"义，利之本也"（《左传·昭公十年》），"义"即"当然，亦即行为的裁制"；"利"即"能维持或增进人之生活者，亦即能满足人之生活需要者"，包括私利和公利。在道德高于私利的前提下，孔子既认为"君子义以为上"（《论语·阳货》）、"君子喻于义，小人喻于利"（《论语·里仁》），又主张"因民之所利而利之"（《论语·尧曰》）；孟子既认为"王亦曰仁义而已矣，何必曰利？"又主张"制民之产"（《孟子·梁惠王上》）；荀子则主张"义与利者，人之所两有也"（《荀子·大略》）。墨家认为"仁人之所以为事者，必兴天下之利，除去天下之害，以此为事者也"（《墨子·兼爱中》）。后期儒家既有重义轻利的倾向，又有兼重义利的潮流，如董仲舒认为"天之生人也，使人生义与利；利以养其体，义以养其心"（《春秋繁露·身之养重于义》），张载提出"义，公天下之利"（《正蒙·大易篇》），程颐主张"凡顺理无害处便是利，君子未尝不欲利……仁义未尝不利"（《河南程氏遗书》卷十九）。李觏批评"贵义而贱利"（《李觏集·卷十六·富国策第一》），叶适认为"既无功利，则道义乃无用之虚语耳"（《习学记言序目·卷二十三》），王夫之提出"立人之道曰义，生人之用曰利。出义入利，人道不立；出利入害，人用不生"（《尚书引义》卷二《禹贡》），颜元主张"义中之利，君子所贵也。……正其谊以谋其利，明其道而计其功"（《四书正误》卷一《大学》）。应该肯定，这种义利合一思想是对义利问题的正确解答。这种以义为尚、兼重义利的思想倾向可以说是儒家的基本态度，它塑造了中华民族重德尚义的精神气质、"乐以天下、忧以天下"的强烈使命感和"富贵不能淫，威武不能屈，贫贱不能移"的大丈夫气概。今天，如果我们把"义"诠释为广大人民的根本利益，那么兼重义利、以义兴利的新义利之辨完全可以与社会主义市场经济相协调，既要支持个人利益、企业利益、地方利益的正当发展，保护个人的相对自由，又要强调国家利益高于个人利益、企业利益、地方利益，必要的时候个人、企业、地方应为国家利益做出牺牲，如此才能有中华民族的伟大凝聚力。同样地，社会主义市场经济肯定与物质生活精神生活的协调发展，既肯定物质生活是提升精神生活境界的基本条件，始终坚持以经济建设为中心不动摇，不断提高人民物质生活水平，又强调追求真、善、美的精神生活高于物质生活的享受，要不断提高国民综合素养，反对唯利是图、物欲横流、奢靡浮华的消极现象。个体利益与国家利益，物质文明与精神文明协调发展的新型社会主义市场经济，必将是中国特色社会主义的重要特色。

"理欲之辨"也发端于先秦，《礼记·乐记》提出"灭天理而穷人欲"。"天理"实际上是"自然的普遍的规律或准则"或"必然的规律或准则"，其中包括"凡有普遍满足之可能，即不得不满足的，亦即必须满足的欲"，只有"未有普遍满足之可能，非不得不然的，即不是必须满足的欲"才是"人欲"或私欲。孔子提出"七十而从心所欲，不逾矩"（《论语·为政》），孟子认为"养心莫善于寡欲"（《孟子·尽心下》），荀子主张"以道制欲，则乐而不乱"（《荀子·乐论》），胡宏提出"天理人欲，同体而异用，同行而异情"（《知言·朱熹胡子知言疑义》），王夫之认为"随处见人欲，即随处见天理"（《读四书大全说·孟子·梁惠王下篇》），戴震主张"理者存乎欲者也"（《孟子字义疏证》卷上）。

应该说，以（道）理导欲是"理欲之辨"的正确结论。

"德""力"对举始于孔子，孔子提出"骥，不称其力，称其德也"（《论语·宪问》），又认为"桓公九合诸侯，不以兵车，管仲之力也"（《论语·宪问》）；孟子把"以力服人"与"以德服人"对举（《孟子·公孙丑下》），又提出"圣，譬则力也"（《孟子·万章上》）。荀子认为"君子以德，小人以力，力者德之役也"（《荀子·富国》），又提出"全其力，凝其德"（《荀子·王制》）。总之，儒家在重德轻力的前提下对德力都有所认识。墨家"尚力"，提倡"竭力从事"（《墨子·天志上》）；法家重力，提出"古人亟于德，中世逐于智，当今争于力"（《韩非子·八说》）。王充讲"一曰养德，二曰养力。……夫德不可独任以治国，力不可直任以御敌也"（《论衡·非韩》），这种"德力具足"观点是对德力问题的正确回答。

"和同之辨"源于西周的史伯："夫和实生物，同则不继。以他平他谓之和，故能丰长而物归之；若以同裨同，尽乃弃矣。"（《国语·郑语》）晏子提出："君所谓可，而有否焉，臣献其否，以成其可。君所谓否，而有可焉，臣献其可，以成其否。"（《左传》昭公二十年）孔子主张"君子和而不同"（《论语·子路》），其弟子有若提出"和为贵"（《论语·学而》），所谓"和"是多样性的统一。

市场经济与伦理道德的关系是中西学界长期以来争论的重要课题，西方经济学创始人亚当·斯密（AdamSmith）曾试图达到自由主义经济观与利他主义道德观，改革开放以来国内学界曾热烈讨论传统道德与社会主义市场经济的关系等问题，肯定道德是连续性与变革性、民族性与世界性的辩证统一，就社会主义道德对市场经济的重要作用达成共识。中国特色社会主义市场经济是前无古人后无来者的伟大创新，我们要继承和弘扬中华传统美德，"在去粗取精、去伪存真的基础上，坚持古为今用、推陈出新，努力实现中华传统美德的创造性转化、创新性发展，引导人们向往和追求讲道德、尊道德、守道德的生活"。从当代立场来看，传统人生价值论有助于我们正确的理解人格尊严等内在价值和社会责任等外在价值、生命价值和精神价值的统一；如果赋予义、理以广大人民群众根本利益的新内涵，那么"义利之辨""理欲之辨"有助于正确理解个人利益和社会利益、物质生活和精神生活的协调发展；"和同之辨"有助于正确理解"一元主导、兼容多元"的和谐本义。它们可以转化为社会主义核心价值体系的合理因素，建立富有民族特色与时代精神的新价值观和新道德，以克服市场经济的自发性、趋利性等弱点。这对提高道德觉悟和弘扬民族精神、规范社会主义市场经济的健康发展具有积极意义。

（四）"仁智""兼爱""兼士""至人"的人生理想论

中国传统人生理想论的基本内容是关于"仁""爱"的学说。儒家以"仁"为最高准则，"孔子贵仁"（《吕氏春秋·不二》）。"仁"即"爱人"（《论语·颜渊》），其主要含义是"夫仁者，己欲立而立人，己欲达而达人"（《论语·雍也》）。孟子认为仁是"恻隐之心"（同情心）的扩展，"人皆有不忍人之心。……恻隐之心，仁之端也"（《孟子·公孙丑上》），"仁者以其所爱，及其所不爱"（《孟子·尽心下》）。"仁"在汉唐至宋明时代发展为泛爱思想，如韩愈讲："博爱之谓仁。"（《原道》）张载云："民吾同胞，物吾与也。"（《西铭》）墨家以"兼爱"为最高准则，"墨子贵兼"（《吕氏春秋·不二》），"墨子兼爱，摩顶放踵利天下为之"（《孟子·尽心上》）。"兼爱"是"视人之国若视其国，视人之家若视其家，视人之身若视其身"（《墨子·兼爱中》）的无差别之爱，体现一种积极救世的精神。道家反对爱之虚伪而讲"慈爱"，认为"绝仁弃义，民复孝慈"（《老子》十九章）、"我有三宝，持而保之，一曰慈，二曰俭，三曰不敢为天下先"（《老子》六十七章），《庄子》讲"至仁无亲"(《庚桑楚》),所谓"慈"是一种朴素自然的真爱。

中国的传统人生理想论特别标举了理想人格。儒家高悬"圣人"而以"仁者"("君子""士""大丈夫""大人"等)为具体追求的人格形态。孔子云:"君子无终食之间违仁,造次必于是,颠沛必于是。"(《论语·里仁》)孔子弟子曾子云:"士不可以不弘毅,任重而道远。仁以为己任,不亦重乎?死而后已,不亦远乎?"(《论语·述而》)孟子以"仁且智"为"圣"之内涵,认为:"居天下之广居,立天下之正位,行天下之大道。得志,与民由之;不得志,独行其道。富贵不能淫,贫贱不能移,威武不能屈。此谓大丈夫也。"(《孟子·滕文公下》)墨家也虚悬"圣人"以实践"兼爱"的"兼士"为具体人格,与此相反的则是"别士",认为:"别士之言曰:'吾岂能为吾友之身,若为吾身;为吾友之亲,若为吾亲?'是故推睹其友,饥即不食,寒即不衣,疾病不侍养,死丧不葬埋。别士之言若此,行若此。兼士之言不然,行亦不然。曰:'吾闻为高士于天下者,必为其友之身若为其身,为其友之亲若为其亲。然后可以为高士于天下。'是故退睹其友,饥则食之,寒则衣之,疾病侍养之,死丧埋葬之。兼士之言若此,行若此。"(《墨子·兼爱下》)道家虚悬"天人""神人"而以"不以心捐道,不以人助天"(《庄子·大宗师》)的"至人""真人"为理想人格,认为"不离乎宗,谓之天人;不离乎精,谓之神人;不离乎真,谓之至人;以天为宗,以德为本,以道为门,兆于变化,谓之圣人。以仁为恩,以义为理,以礼为行,以乐为和,熏染慈仁,谓之君子"(《庄子·天下》)。

在社会主义市场经济的发展过程中,不同的个人主义价值观不断浸入人们的头脑,我们最重要的任务就是大力宣扬社会主义核心价值体系。除此之外,也应该深入发掘中国传统人生理想论中的思想精华,使其在正确理解个人与社会、人与自然的关系中更好地发挥支援意识的作用,这对于树立崇高理想,追求高尚人格都有重要意义。

（五）"为仁由己""克己""去欲"的修养工夫论

中国古代哲学家以道德修养作为实现人生理想的重要条件，形成了重视道德修养的重要特色。

传统人生哲学高度强调道德的自觉能动性。儒家孔子认为"为仁由己，而由人乎哉？"（《论语·颜渊》），"我欲仁，斯仁至矣"（《论语·述而》）。孟子认为"舜何？人也。予何？人也。有为者亦若是"（《孟子·滕文公上》），肯定"人皆可以为尧舜"（《孟子·告子下》）。荀子提出"心容自择"，认为"心者形之君也，而神明之主也，出令而无所受令，自禁也，自使也；自夺也，自取也；自行也，自止也。故口可劫而使墨云，形可劫而使诎申，心不可劫而使易意。是之则受，非之则辞"（《荀子·解蔽》），肯定"途之人可以为禹"（《性恶》）。墨家批判儒家的命定论重"力"，认为"存乎桀纣而天下乱，存乎汤武而天下治。天下之治也，汤武之力也；天下之乱也，桀纣之罪也。……夫岂可以为命哉？故以为其力也"（《墨子·非命下》），这种"非命尚力"的主张可以说是对道德的自觉能动性的有力宣扬。道家自觉追求"无为"，老子认为"我无为而民自化，我好静而民自正，我无事而民自富，我无欲而民自朴"（《老子》第五十七章）、"圣人常善救人，故无弃人；常善救物，故无弃物"（《老子》第二十七章），庄子讲"吾游心于物之初。……夫得是，至美至乐也。得至美而游乎至乐，谓之至人"（《庄子·田子方》）。这种精神境界的提升过程也体现了道德的自觉。

传统人生哲学主张克制物质欲求而提高精神境界。孔子认为"克己复礼为仁"（《论语·颜渊》）、"居处恭，执事敬，与人忠"（《论语·子路》）。这种以"修己""克己"为主导倾向的修养理论为儒继承和发扬，如孟子讲"养心莫善于寡欲"（《孟子·尽心下》），《大学》讲"诚意""正心"，《中庸》强调"慎独"

的重要性。宋明理学则有对"孔颜乐处""天理人欲"的更深入探讨。墨家主张克制物欲、情欲而特别注重苦行,认为"且夫仁者之为天下度也,非为其目之所美,耳之所乐,口之所甘,身体之所安,以此亏夺民衣食之才,仁者弗为也"(《墨子·非乐》)、"必去怒,去乐,去悲,去爱,去恶,而用仁义"(《墨子·贵义》),其具体表现是"任",即"士损己而益其所为也"(《墨子·经上》)或"为身之所恶,以成人之急"(《墨子·经说上》)。道家讲"去私"和"去欲",《老子》认为"是以圣人后其身而身先,外其身而身存,非以其无私邪?故成其私"(第七章)、"吾所以有大患者,为吾有身,及吾无身,吾有何患?"(第十三章)、"甚爱必大费,多藏必厚亡"(第四十四章),主张"见素抱朴,少私寡欲"(第十九章);《庄子》提倡"堕肢体,黜聪明,离形去知,同于大通"(《大宗师》),认为"恶、欲、喜、怒、哀、乐六者,累德也"(《庚桑楚》)、"将盈耆欲,长好恶,则性命之情病矣"(《徐无鬼》),主张"同乎无欲,是谓素朴,素朴而民性得矣"(《马蹄》)。

人类社会的良性运行既需要健全的法制,又需要提高人们的道德水平。传统道德修养论可以为社会主义精神文明建设提供有益的智慧资源,对推动我国社会的健康发展具有重要意义。

四、"德法并重"的政治思考

中国传统"民本"思想源远流长,西周初"天命靡常""敬德保民"是"中国古代'重人'思想的萌芽",春秋时提出"上思利民……夫民,神之主也"(《左传·桓公六年》)、"天生民而树之君,以利民也"(《左传·文公十三年》)、"民为君之本也"(《春秋谷梁传·桓公十四年》),《管子》提出"以人为本,本理则国固,本乱则国危"(《霸言》)。"人"乃避唐太宗之讳,因此"以人为本"原为"以民为本")、"与民为一体"(《管子·君臣上》)。儒家创始人孔子在中国历史上第一次提出"爱人"(《论语·颜渊》)、"仁者,人也"(《中庸》),要求把人当人看待,尊重人的内在价值和独立意志。孟子创新孔子的"仁"说,提出以"天爵""良贵"(《孟子·告子上》)为基础的"仁政"思想,主张"得天下有道,得其民斯得天下矣"(《孟子·离娄上》)、"民为贵,社稷次之,君为轻"(《孟子·尽心下》),认为民心向背是政权合法性的基础,是兴衰成败的关键。"民贵君轻"不仅是中国古代的民本主义,而且还是关于人民群众历史作用的光辉论断,在中国思想史上具有重要的进步作用。荀子强调"君者舟也,庶人者水也,水则载舟,水则覆舟"(《荀子·哀公》),对后世政治实践有深刻影响。汉代贾谊总结殷周秦汉治乱兴衰的经验教训而提出"民无不为本"(《新书·大政上》),认为"自古至于今,与民为仇者,有迟有速,而民必胜之"(《过秦论》),高度肯定人民群众的历史地位。中国传统民本思想虽然没有达到民主的高度,但都视人民为国家之根本,这是中国共产党"全心全意为人民服务"的根本宗旨和"以人为本"为核心的科学发展观的重要思想来源。习近平总书记指出:"得民心者得天下,失民心者失天下,人民拥护和支持是党执政的最牢固根基。"能否真正实现"以人为本",是中国特色社会主义民主政治不同于西方民主政治的重要区分。社会主义中国要始终把最广大人民的根本利益作为一切工作的出发点和落脚点,不断促进每个人自由而全面发展的崇高理想。

中国传统政治文化既强调"为政以德"(《论语·为政》)的德治,又有着"以法治国"(《管子·明法》)的悠久传统。法家思想渊源于春秋时齐国的管仲,强调法律的权威性、稳定性和标准性,以法律作为社会变革和确立新制度的有力武器,如"不法法则事无常,法不法则令不行"(《管子·论法》)、"仪者,万物之程式也。法度者,万民之仪表也"(《管子·形势解》)、"法者,宪令著于官府,赏罚必于民心,赏存乎慎法,而罚加乎奸令者也"(《韩非子·定法》)。先秦法家强调了破除氏族鸿沟的形式的'齐',而把'一'作为绝对的平等看待，也就是强调法律面前的平等性，如商鞅主张"刑无等级，一断于法"（《商君书·赏刑》）、"内不私贵宠，外不偏疏远"（《史记·商君传赞》集解引刘歆《新绪论》），这是对西周贵族等级特权的明确否定，是传统法治思想的重要贡献。在德与法的关系问题上，管仲认为"治民一众，不知法不可，变俗易教，不知化不可"（《管子·七法》），重视教化与法治的统一。儒家孟子认为："徒善不足以为政，徒法不足以自行。"（《孟子·离娄上》）也肯定道德与法律相辅相成，但没有提出详细的论证。法家商鞅、韩非都强调法治而以德法对立，儒家强调德治而对法治不够重视，都有其偏颇。我们既要汲取传统德治思想的精华，又要继承古代法治思想而加强制度建设，不断推进国家经济、政治、文化、社会生活的法制化和规范化，为社会公平正义、和谐发展提供可靠而稳定的道德支撑和制度保障。"以人为本"与"以法治国"相统一，是中国特色社会主义政治的鲜明特征和完整形象。

五、"刚健日新"的创新精神

中国从畜牧时代到农耕时代的文明发展历程的一个重要特色，就是先民的独立创造精神。中国传统文化表现了鲜明的创新性，这是其几千年来悠久无疆而绵延不绝，虽衰复盛而博大高明的根本原因。

《礼记》云："作者之谓圣，述者之谓明。"上古传说都肯定中华文化是人而不是神的积极创造，如包牺氏"作网罟以田渔"、神农氏"教民耕农"、黄帝氏"始垂衣裳，有轩冕之服"等，这些伟大"作者"都体现了创新精神，奠定了中华文明的基调。西周时期周公旦等"制礼作乐"，儒家创始人孔子删定诗书、兴办私学，倡导"知其不可为而为之"（《论语·宪问》）、"发愤忘食，乐以忘忧，不知老之将至"（《论语·述而》），这种积极有为精神对中国文化的发展产生深远影响。《易传》提出"日新之谓盛德，生生之谓易""天行健，君子以自强不息""刚健笃实辉光,日新其德"等重要论断,从此,"自强不息"成为中华精神的核心内涵,起着促进文化发展的积极作用。同时中国文化也表现了伟大的宽容、汲取、转化外来文化的优秀传统,如印度佛教文化传入中国后与固有的儒道文化冲突、融合,创造出以儒家为主体而汲取佛、道之长的宋明理学,仍然保持了中国文化的民族主体性。明末第一次西学东渐时期的徐光启倡导"欲求超胜,必先会通";近代第二次西学东渐以来,一批批志士仁人顺应中西文化交流的时代趋势,努力创造"亦中亦西"的中国新文化,都充分体现了"自强不息"与"超胜会通"的雄伟抱负。

五四新文化运动之后,中国文化的基本态势是中国传统文化、西方文化和马克思主义三种文化资源的对立互动。毛泽东认为马克思主义必须和我国的具体特点相结合并表现出"新鲜活泼的、为中国老百姓所喜闻乐见的中国作风和中国气派",这实际上是创造了一种中国形式和亚洲形式的马克思主义。他主张"我们中国人必须用我们自己的头脑进行思考,并决定什么东西能在我们自己的土壤里生长起来",只有实现中国文化和西方文化优长的有机结合,才能真正"创造中国独特的新东西"。张岱年指出"唯有信取'文化的创造主义'而实践之,然后中国民族的文化才能再生;唯有赖文化之再生,然后中国民族才能复兴",主张"破坏中国旧文化""发挥卓越的文化遗产",以批判的态度"介绍西洋文化",以唯物辩证法来综合中西文化之所长并"加以进一步的发展""创造以为主导的要素",从而创造出社会主义的中国新文化。《中共中央关于构建社会主义核心社会若干重大问题的决定》提出,中国特色社会主义文化的发展"必须坚持马克思主义在意识形态领域的指导地位,牢牢把握社会主义先进文化的前进方向",同时又要尊重差异,包容多样,最大限度地形成社会思想共识,习近平总书记指出"巩固马克思主义在意识形态领域的指导地位,巩固全党全国人民团结奋斗的共同思想基础""中国优秀传统文化是中华民族的突出优势,是我们最深厚的文化软实力""文明是多彩的，人类文明因多样才有交流互鉴的价值；文明是平等的，人类文明因平等才有交流互鉴的前提；文明是包容的，人类文明因包容才有交流互鉴的动力"这些论述强调在马克思主义指导下兼综中西文化之优长而实现其"创造性转化、创新性发展"，这是中华民族自强不息的创造精神和厚德载物的包容精神在新时代的典型表现。只有"必须坚持马克思主义在意识形态领域的指导地位，牢牢把握社会主义先进文化的前进方向，弘扬民族优秀文化传统，借鉴人类有益文明成果"，才能充分利用一切文化资源的合理因素，全面提升民族素养，促进当代中国文化百家争鸣、百花齐放的繁荣发展，塑造中国特色社会主义文化的新形象。

六、"文明以止"的生态智慧

社会主义市场经济不仅是社会多种利益的协调进步，而且是人与自然关系和谐发展的绿色经济。中国优秀传统文化对天人关系有着丰赡而精湛的论述，对于当代生态文明建设具有重要启迪作用。

人类农业文明的典型代表是中国古代文明，而工业文明的典型代表则是近现代欧美文明。西方近现代文明秉承"知识就是力量""人为自然界立法"的口号，充分发挥科学理性的力量，在认识自然、控制自然、改造自然上取得空前巨大的成果，这也就是马克思、恩格斯在《共产党宣言》中所指出的："资产阶级在它的不到一百年的阶级统治中所创造的生产力，比过去一切世代创造的全部生产力还要多，还要大。"但是，以人类中心主义为基本特征的西方近代文明也导致了人与自然关系的空前异化，它仅仅把自然界当作满足人类贪婪的手段，直接后果就是土地荒漠化、生物多样性减少、大面积的地下漏斗区、大气污染、臭氧层破坏、病毒肆虐等问题层出不穷，愈演愈烈的全面的生态危机威胁着全人类的生存和发展。与之形成鲜明对照的是，中国优秀传统文化的生态智慧强调人与自然的整体性与和谐性。人们往往只看到西方近现代哲学中有所谓内在价值（intrinsicvalue）、功用价值（instrumentalvalue）之区分，其实，中国传统哲学特别是儒家人文主义和道家自然主义也有着源远流长的价值哲学。孟子的"良贵"（《孟子·告子》）思想肯定了人本身的固有价值，而"夫物之不齐，物之情也"（《孟子·滕文公》）则承认了物与物之间有本然的价值区别，这种价值是客观存在的，不是人为添加或赋予自然物的。道家更明确地肯定了自然本身的内在价值，如庄子云"天地有大美而不言，四时有明法而不议，万物有成理而不说"，要求"原天地之美，而达万物之理"（《庄子·知北游》）。其《马蹄》云："马，蹄可以践霜雪，毛可以御风寒，龁草饮水，翘足而陆，此马之真性也。"所谓"大美""真性"，都肯定了自然本身具有优越特性，这种价值并不是为了人或其他外在目的而存在的。

把人（主体）与自然物（客体）二重化的文明模式，把自然界看作人类征服、控制和利用的对象；作为满足人类利益的手段，自然物似乎仅是具有为人类所用的外在价值或功用价值。而从中国传统哲学来说，则是肯定事物同时具有内在价值（自身的优异的特性）和外在价值（功能）。值得注意的是，现代西方生态伦理学家罗尔斯顿（HolmesRoLston）提出"内在的自然价值"概念，认为"我们对荒野自然的需要，是在于我们欣赏它的内在价值，而非它的工具价值"，要求"将内在价值与外在价值统一起来"。结合中西哲学的有关思想，我们可以说：事物的内在价值与外在价值不可以相离，内在价值是外在价值的根据，外在价值是内在价值的表现。凡是具有外在价值的事物，必有某种内在价值以为依据；也只有具有内在价值的事物，才有其外在价值或功用价值。进一步地，非人世界的自然价值是自发的，而属人世界的价值则是以自然价值为基础的自觉创造。《庄子·秋水》云："何谓天？何谓人？""牛马四足，是谓天；络马首，穿牛鼻，是谓人。"自然而然的是"天"，对自然加以改造的是"人"。人类文明的进步必然以利用自然物为基本途径，但是，我们在享受文明成果的同时，是否应该反思这种方式有多大的合理性？我们应该在尊重、发展事物内在价值的前提下来开发、利用其外在价值。在人与自然的关系问题上，我们应该用一种发展的眼光和开放的胸怀，要超越那种以狭隘的个人利益和少数人利益为实质的人类中心主义，自觉追求天人之间的广大和谐。

《易传·贲卦·象传》提出："刚柔交错，天文也；文明以止，人文也。"这就是"认为'文明'不是无限度的开发、利用和对外扩张，而是要有所节制，'止'其所当止，内修文德以化成天下"。"文明以止"理念认为"人文"必须顺应"天文"（"天行"）的规律，而"天文"（"天行"）又以"人文"化成为旨归。这种文明理念反对粗暴地干涉自然、无限制地文明扩张、片面追求物质生活的富足，而应追求人与自然和谐共处、永续发展的可久可大之道，其集中体现就是"天人合一"的生态理念与生产、生活实践。

中国传统天人关系有着复杂内涵，其中最基本的一个含义就是指自然与人（人类）的关系。"天人合一"的思想源于春秋时期，其后道家提出"因任自然""万物为一"的思想，如老子认为"人法地，地法天，天法道，道法自然"（《老子》二十五章），既肯定人与"天""地"的整体性，又主张人应该遵循自然本身的规律而行动。庄子提出"天地与我并生，而万物与我为一"（《庄子·齐物论》）。道家主张"不毁万物"，即减少人的欲望，保养自己的精力，不要为了满足人的贪欲而过分伤害自然，这是对于文明社会的一个重要警告。儒家提出"仁民爱物""民胞物与""仁者与天地万物为一体"等思想。孟子主张"亲亲而仁民，仁民而爱物"（《孟子·尽心》），仁爱之心应该遍及万物。《易传》提出"与天地合其德""先天而天弗违，后天而奉天时"（《文言传》）、"范围天地之化而不过，曲成万物而不遗"（《系辞传》）等天人调谐理念，这与《中庸》"赞天地之化育……与天地参"等思想奠定了中国两千多年文明发展的基础。北宋张载主张"大其心":"大其心则能体天下之物。物有未体,则心为有外。"(《正蒙·大心篇》)要求破除"我"之私心,走出主客对立的思维方式,觉悟到人与自然万物的和谐一体。他提出:"乾称父,坤称母。予兹藐焉,乃浑然中处。故天地之塞吾其体;天地之帅吾其性。民吾同胞,物吾与也。"(《西铭》)人生存于天地之间,人和万物都由于天地之间的气所构成,气的流行变化的本性是人和万物的共同本性,我与自然万物是一种朋友般的同类关系,应"尽体天下之物",与之和谐相处。程颢认为整个宇宙就是以"生"或创造为根本规律的大流,人只有觉悟到与万物之一体,才能被称为"仁",而且这种觉悟还必须践履于日常生活中。他提出:"万物之生意最可观,此元者善之长也,斯所谓仁也。人与天地一物也,而人特自小之,何耶?"《识仁篇》同张载一样,程颢也强调人类必须破除物我之对待,超出把自然界对象化的认知水平而觉悟到人与万物为一体的真实关系,"仁者以天地万物为一体,莫非己也"。如果达不到这种境界,把自己的心灵封闭在"小我"的狭隘界限里,不知众民万物本来就是与我为一体,那么人心就好比"手足痿痹"一样是残缺不全的。明代王阳明更明确地提出:"见鸟兽之哀鸣觳觫必有不忍之心焉,是其仁之与鸟兽而为一体也;鸟兽犹有知觉者也,见草木之摧折而必有怜悯之心,是其仁之与草木而为一体也;草木犹有生意者也,见瓦石之毁坏而必有顾惜之心焉,是其仁之与瓦石而为一体也。"(《大学问》)他认为这种对鸟兽、草木、瓦石的"一体意识"是人性的自然表露,是人类一种最高的道德情感,这是儒家的博爱之心和对天地万物的责任意识的鲜明体现。

中国传统儒家、道家都表现了对自然界的深刻而强烈的伦理关怀,主张人对大自然有一种本来的依赖感与亲和感,这对于反思现代社会中人与自然的疏远,确认人与自然的和谐一致,对于保护自然生态环境,乃至于建立中国特色的生态伦理学,都有着重要意义。任何文明的产生和持续发展,都必须以保持生态基本平衡为其前提条件。在世界各国共同面临严峻生态危机的时代条件下,近代以来以"力之崇拜"为特征、片面高扬主体性、主张"征服自然"的西方文化及其价值取向,已经到了必须深刻反思和根本转向的历史关头。社会主义市场经济的发展必须全面总结人类农业文明和工业文明的成果和缺陷,既要继续发扬西方近代以来的科学理性,又要吸取理性片面化的深刻教训;既要承续中国古代生态智慧的精华,又要赋予它现代化的思维模式和理论内涵。习近平总书记指出"走向生态文明新时代,建设美丽中国,是实现中华民族伟大复兴的中国梦的重要内容"。我们必须高扬尊重自然、顺应自然、保护自然的先进理念,加强循环经济、绿色经济发展,建构人与自然协调发展的新型生态文明。这是人类发展的必由之路。

七、"协和万邦"的外交思想

在国际关系问题上,中国优秀传统文化的基本态度是"协和万邦"(《尚书·尧典》)或"万国咸宁"(《易传·乾·彖传》)、"天下和平"(《易传·咸·彖传》),倡导国与国之间和平共处的世界,既坚决反对外族侵略而捍卫民族主权和领土完整,又反对以武力威胁、侵略他国。孔子以其仁学为理论基础来处理国际关系,他一方面赞颂"管仲相桓公,霸诸侯,一匡天下,民到于今受其赐。微管仲,吾其被发左衽矣!"(《论语·宪问》),肯定管仲驱除外族侵略、保卫中华文化的伟大功绩;另一方面又主张"己所不欲,勿施于人"(《论语·颜渊》)的处理人际关系的基本准则,主张交往主体之间要相敬互让,不把己之所恶强加于人,因而他又提出"远人不服,则修文德以来之。既来之,则安之"(《论语·季氏》),主张以文德教化感化外邦,而不是轻率地诉诸武力。这种"修己以敬""修己以安人""修己以安百姓"(《论语·宪问》)的"内圣外王"之道,既孕育了中华民族的爱国主义热情,也是中华民族长期以来处理国际关系的基本原则。孟子反对"以力服人"的"霸道"而倡导"以德服人"(《孟子·公孙丑上》)的"王道"。《易传》继承孔子的思想,强调"自强不息"与"厚德载物"之统一，这在国际关系中表现为既坚持民族独立、抵抗外来侵略，又宽容博大、不去侵犯他国，努力促进国际和平。

中国传统文化有"天下和平""万国咸宁"的优秀基因，而没有称霸世界、武力侵略的思想基础。在军事问题上，中国传统文化的根本态度是把武力作为维护和平的重要手段，不仅在用兵问题上极为慎重，"兵者，国之大事，死生之地，存亡之道，不可不察也"（《孙子兵法·始计》）、"以道佐人主者，不以兵强天下"（《老子》三十章）、"兵者……不得已而用之"（《老子》三十一章），而且强调军事行动必须以维护正义为前提，反对"杀无罪之民以兴无道与不义者"而主张"取惟义兵为可"（《吕氏春秋·禁塞》）、"以天下之所顺，攻亲戚之所畔"（《孟子·公孙丑下》）。这种优秀文化是中国"和平共处五项原则""永不称霸""求同存异"等外交方针的重要思想来源。西方所谓"中国威胁论"既不符合中国文化的优秀基因，亦完全违背中国共产党和中国政府促进世界和平的客观现实。2005年4月，胡锦涛同志提出建设"和谐世界"的新理念，2011年的《中国的和平发展》白皮书提出："中国倡导互信、互利、平等、协作的新安全观，寻求实现综合安全、共同安全、合作安全。"习近平总书记多次提出打造世界各国人民多元共生、包容共进的"命运共同体"，倡导"亲诚惠容"的周边外交理念，他指出："中国在历史上曾经长期是世界上最强大的国家之一，但没有留下殖民和侵略他国的记录。我们坚持走和平发展道路，是对几千年来中华民族热爱和平的文化传统的继承和弘扬。"和平发展、共同安全、和衷共济、合作共赢的新型安全形象与美国为首的西方霸权主义和强权政治形成鲜明对照，深刻体现着中国优秀传统文化的现实光辉。

八、"以和为贵"的价值准衡

中华民族是一个多元的统一体，中国传统文化亦有"和实生物""和而不同""以和为贵"的基本精神。西周末的史伯首先提出"和同之辨",认为"和实生物,同则不继。以他平他谓之和,故能丰长而物归之;若以同裨同,尽乃弃矣"(《国语·郑语》),"以他平他"即会聚不同事物而得其均衡以创造出新事物。春秋时晏婴曾论"和""同"之异,认为:"和如羹焉,水、火、醯、醢、盐、梅,以烹鱼肉,燀之以薪,宰夫和之,齐之以味,济其不及,以泄其过。……若以水济水,谁能食之?若琴瑟之专一,谁能听之?同之不可也如是。"(《左传·昭公二十年》)

春秋初期的"和圣"柳下惠既坚持"直道而事人"(《论语·微子》),又能够做到"不羞污君,不卑小官;进不隐贤,必以其道;遗佚而不怨,厄穷而不悯"(《孟子·万章下》),体现了人格尊严与社会责任的统一。儒家继承、发展了"和同之辨",孔子云:"君子和而不同,小人同而不和。"(《论语·子路》)孔子的弟子有若说:"礼之用,和为贵。"(《论语·学而》)随后,孟子提出:"天时不如地利,地利不如人和。"(《孟子·公孙丑下》)所谓"人和",就是人与人之间的团结、合作,这是战争胜利的决定因素。《易传》云:"上火下泽睽,君子以同而异""地势坤,君子以厚德载物"。"和而不同""和为贵""厚德载物"等论断成为中国古代价值观的重要内涵,奠定了中国文化发展的底色。总起来看,中国传统文化中所谓"和"与"同"相对,其基本内涵是"包含着差异、矛盾、互为'他'物的对立面在内的事物多样性的统一",在这种文化精神的影响下,中国从来没有西方历史上那样的宗教战争,而是表现了对各种宗教的包容态度,中国人的宽容超过了欧洲人根据他们本国的生活经验所能想象的极限。

这种"和而不同""厚德载物"的多元一体智慧,是中华民族伟大凝聚力的思想基础,也是今天构建中国特色社会主义和谐社会的宝贵思想资源。这些观念表征着中国古代人民高度的文化自觉,这就是既要保持社会统一有序、维护群体发展，又要尊重个人的独立人格、兼容多种利益诉求，正确理解和处理个人与个人之间、个人与群体（社会、国家）之间的关系。这种和谐价值观肯定客观事物的差异性与多样性，实际上是在承认矛盾、解决矛盾的历史进程中达到更高水平的统一。今天，我们继续推进建设中国特色社会主义和谐社会，既要"必须坚持马克思主义在意识形态领域的指导地位，牢牢把握社会主义先进文化的前进方向"，又要"尊重差异，包容多样，最大限度地形成社会思想共识"，正视和化解发展中的各种利益差异和冲突，在最大限度地促进和谐，建设和发展和谐有序、公平正义的和谐社会。

中国优秀传统文化博大精深，其思想贡献远远不止上述几个方面。由生产力与生产关系、社会存在与社会意识的辩证关系等人类社会发展的基本规律和文化自身的客观规律所决定，中国传统文化的转型道路和发展模式只能是一条以马克思主义为指导的文化综合创新之路。这种文化综合要特别注重以下几点：中国文化有源远流长的辩证思维传统，把宇宙看作生生不已、无穷无尽的历程，而"生"中寓"理"，"变"中有"常"，最根本的常就是"生生"（创造）与对立统一。中国传统文化中的整体观点与过程观点、"生生之谓易""一阴一阳之谓道""一物两体""物极必反""相反相成"等正确思想值得我们继承和发扬。因此，中国哲学呈现出唯物主义与辩证思维的密切结合，这是中国传统文化不同于西方文化的一大特色。肯定了对立统一的普遍原理，中国传统文化在价值观上强调"和而不同"，以和谐（多样性的统一）为最高价值标准。这种重视人与自然的调谐与平衡的"先天而天弗违，后天而奉天时"（《易传·文言传》）、"财成天地之道，辅相万物之宜"（《易传·泰卦·相传》）思想有利于保护生态平衡。"仁"的内涵是"己欲立而立人，己欲达而达人"，亦即"忠恕"的"一贯之道"，"忠是尽己之心力以助人，恕是不以己之所恶施于人。忠是积极的，恕是消极的。合忠与恕，便是仁"。因此，"仁"是"一方自强不息，一方助人有成，是人已兼顾的"，实际上包含着"自强不息"和"厚德载物"的双重意蕴。我们可以说，"自强不息"与"厚德载物"相统一的"仁"是"指导中华民族延续发展、不断前进的精粹思想"，是中华民族的民族精神。正是在这种奋斗精神与兼容精神相统一的民族精神指引下，中国历代优秀的知识分子表现了诚挚热烈的爱国主义、坚持不懈追求真理和刚强不屈的斗争精神等优良品格，中国文化表现出了兼容并包的基本精神。中国自古以"大道之行也，天下为公……是为大同"（《礼记·礼运》）为最高理想，这是马克思主义得以在中国顺利传播的重要思想背景。

第四节　中国优秀传统文化的基本特征

中华民族在漫长的形成和发展过程中，孕育形成了优秀的传统文化。中国优秀传统文化产生于民族形成过程中，又反作用于民族的形成和发展的过程，显示出与世界上其他民族文化所不同的一些基本特征。这便是重"和"、重"人"与重"德"。

一、重"和"的中华传统文化

在中华传统文化中，儒家的孔子提倡"礼之用，和为贵，先王之道，斯为美"，把"和"视为儒家文化所追求的最宝贵的美的理想；道家的庄子则把与人和，称为"人乐"，与"天和"，称为"天乐"，视"和"为道家文化追求的最高境界。

"和"者，和谐也。中华传统文化讲求的是：人与人的"和"，即人类社会要和谐；人与自然的"和"，即人类与自己赖以生存和发展的自然环境要和谐发展。在作为中华传统文化载体的文化典籍、名人言论，乃至一些器与物的造型设计上，我们都不难看出一个个大写的或者小写的"和"来。

在中华传统文化中占有一定地位的我国古代最早的一部哲学著作《周易》中，

就体现出这种注重"和"、追求"和"的宇宙观。《周易》用乾、坤、震、巽、坎、离、艮、兑八卦，分别代表天、地、雷、风、水、火、山、泽，以包罗世界万事万物。八卦的每一卦自相重叠，又推演出八八六十四卦，用以说明宇宙间纷繁复杂、运动多变的自然现象及其相互间的关系。并且八卦又是以爻与阳爻互相重叠而成的，以此来表示万物的对立与统一，"和"与"失和"的因果关系。以《周易》的观点来看万物之所以能生成变化，是因为阴阳的相互组合即相互作用的结果，如果这种相互作用的结果趋于平衡，那么自然界、人类社会或相互作用的对象就能获得和谐发展的根本条件；但如果这种阴阳相互作用的结果失和，必然招致灾祸或失败。这自然要求人们凡事当关注一个"和"字。而八卦结构的设计上，也保持了阴阳总体上的平衡。八个卦中的阴爻与阳爻总数相等，各12个；八卦两两相对，乾坤、震艮、离坎、兑巽四对，相反相成；八卦在空间位置的摆列上，震（东）、巽（东南）、离（南）、坤（西南）、兑（西）、乾（西北）、坎（北）、艮（东北）占定八个方位，形成一个周而复始，能自身无限循环的和谐的圆圈，从有限中生出"和"的无限来。尽管《周易》对宇宙的观念中有其神秘的色彩，但它认为"有天地然后有万物，有万物然后有男女"，讲求"天人合一"，包括人类社会和自然界在内的整个宇宙视为一个和谐的生命统一体；认为事物内部相互对立的双方，必须贯通、联结、趋和、平衡，事物才能顺利发展；认为对立面的和谐，表现于不断的运动、变化和更新的过程之中，即所谓"刚柔相推而生变化""日月相推而明生焉""寒暑相推岁成焉"，而贯穿一个"和"突出一个"和"的宇宙观，也极大地影响了传统文化，并成为其精神内核。

在追求人生的和谐方面，古代的思想家，一是要实现个体生命与宇宙生命的和谐，即人生应当追求与自然界高度和谐统一的精神境界，而不在于什么与体同朽的功名利禄之类；二是强调以中庸为准则的处世哲学，即人生在处理各种面对的问题与矛盾的过程中，要避免"过"或"不及"这样两种失"和"偏向，而保持一种恰当的、中扁的或者说"和"的态度来待人处事，以保持各种矛盾与关系的和谐统一。当然这种也好、"和"也黑，正如孔子所要求的"君子和而不同"。"和"是和谐，"同"则是苟同，二者是完全不同的。"和"贯穿于待人处事中，是要积极地去保持矛盾的和谐统一，而苟同则不过是一种消极地维持矛盾的办法而已。正是由于中国古代这种重"和"的人生观，使我们民族形成了注重个人品德修养，待人处事讲礼仪、讲谦恭、讲宽厚的品格，使我们民族具有了崇尚和平的精神；并且我们的传统文化中也特别推崇那些能实现政通人和、开设太平盛世的贤君明主，因为他们在治理社会中实现了"和"的要求，创造了社会的和谐统一。

此外，在器物的制造、建筑物的设计与建造、中国画、中国园林、中医药学等方面，追求和谐、重视和谐的例子更是不胜枚举。

二、重"人"的中华传统文化

中华传统文化贯穿着一个看重人和注重对人的研究的特征。周朝时已有了"天视自我民视，天听自我民听"之说。到了春秋时代，人们已经能做到了把自然界看成一种与人相通、为人而存在的环境了。"天""地""人"被并称为"三灵"，同时还强调人是"万物之灵"，是天地的"心"，把人看成宇宙的中心和主宰。到孔子那里则变成了"仁者人也"。其学说强调"仁"，也即强调"人"。因此有人称孔子的学说就是关于人的学说。正是由于先秦时代开始形成的这样一种注重"人"、看重"人"的传统文化特征，并在以后的历朝历代不断完善和强化，所以能使中华民族执着追求于现实中安排人生而拒绝把自己全部交给上帝或天国，从而避免了由宗教对国家、社会乃至民族的长久统治所引起的愚昧与灾难。

中国传统文化重"人"的特征表现在重家庭上，把家庭视为人一生活动的一个中心，把家庭和谐融洽的关系扩大而推广至社会国家。之所以这样，客观上是因为中国古代建立在封建小农经济与宗法制度基础上的家庭，不但是一个生产单位、教育单位、宗教活动单位，还是一个法律单位，即在家长或父母带领下，家庭成员一起劳作以求衣食之源；子女的教育主要从家庭内开启蒙；祭祀祖宗，以求避祸降福也主要以家庭为单位进行活动，遇纠纷也由家长或族长来裁决是是非非。家庭、宗族成为一个小社会，是人安身立命的基础。于是家国难分、家国一体。要治国平天下，先得修身齐家；君被称为君父，臣自称臣子，地方官成了父母官，治下百姓自认子民，老师被尊为师，"天下一家""四海之内皆兄弟"成了人们追求的理想的人际关系，"老吾老以及人之老，幼吾幼以及人之幼"也是由家庭关系推广于社会的。几千年中国封建社会所以能稳固与发展，与传统家庭的地位、人们重视家庭的观念及传统文化对这种家庭关系、观念的推崇是有极大关系的。而传统文化对家庭及其稳固的重视，乃是与它致力于社会、人生的安定与和谐相一致的，仍然是一种重"人"，或者可称之为人本主义文化的反映与体现。

三、重"德"的中华传统文化

中国优秀传统文化以重"德"为一大本色。这种重"德"，一方面强调要注重个人的品德修养，以实践道德的最高要求；另一方面则强调以道德作为整个社会、整个文化立足的基础。

传统文化，特别是儒家文化，推崇看轻物质享受而追求道德修养与精神境界升华的行为虽调人具有社会性，因而人的道德还应表现在处理人际关系中能遵礼守义，自觉与他人、与社会保持和谐与安定；更进一步的要求则是把个人的品德修养与实现理想社会的目标联系起来，使个人的品德修养成为首要的条件。"修身、齐家"都不仅是为了独善其身、独善其家，更主要的是为了要去"治国、平天下"把"修身"与"平天下"联系在一起，从而造就道德人格的意义上升到了为最终实现建功立业的出发点与先决条件的高度，使这种道德行为具有了宏大的气魄。孔子说"三军可夺帅也，匹夫不可夺志也"，把普通人道德志向不能丢掉这一点提到了一定的高度。曾子告诫"士不可以不弘毅，任重而道远"，责任使之然。孟子认为，有远大抱负的人、担当大任的人，更应当刻苦磨炼自己的道德意志，提高自己的道德修养，否则就会经受不住考验，一切都难以实现。因为"天将降大任于斯人也，必先苦其心志，劳其筋骨，饿其体肤，空乏其身，行拂乱其所为，所以动心忍性，曾（增）益其所不能"，传统文化中推崇的最高道德境界是"贫贱不能移，富贵不能淫，威武不能屈"，直至"杀身成仁""舍生取义"。这无论是对一般人、有志向的人，或者是准备担当大任的君子，传统文化都提出了一个怎样注重并搞好个人品德修养的问题，而且将此问题摆到了一个极为重要的位置上。

中国优秀传统文化还以道德作为自己的基础，让道德观念渗透于自己的各个方面，并以道德观念为标准判断当衰还是应贬，判断世事的是与非。例如，对好的政治称为"德政"；好的军队誉为"仁义之师"；文学讲究"文以载道"；做人要求重自我约束，将心比心地与人交往，"己欲立而立人，己欲达而达人，己所不欲，勿施于人"；等等。这样，传统文化形成了以伦理为本位，辐射整个文化各个层次、各个领域的德的体系，使之对社会的引导力、凝聚力也大大增加。

尽管传统文化强调重视的"德"，有其历史、时代及阶级的局限性，但这一特征的积极意义仍然是显而易见的。它从人与社会、个体与群体的关系中揭示出了一个质朴的道理，即每一个人都应当具有一种社会的责任感，个人与社会群体的关系中，社会群体的利益是高于一切的，个人应当在追求国家、民族最大利益的实现中去实现、去完善、去超越自我，这样才能达到人与社会群体的真正和谐。另外，传统文化重视"德"，以"德"作为自己整个的基础，则在保障整个社会的和谐安定，使中华民族始终保持稳固的大一统的心理中，发挥了自己独特的不可比拟的积极影响和作用。这些都是值得我们很好总结与发扬光大的。

第二章 中国优秀传统文化中的美学魅力

在中华民族长期的历史发展过程中，形成了自己的审美心理结构和精深独到的美学思想。自有文字记载以来的历史表明：我们的祖先很早就开始了对美的起源、美的形式与表现、美的主客体关系等问题的探讨。

从"天地有大美而不言，四时有明法而不议，万物有成理而不说。圣人者，原天地之美，而达万物之理"到"天地高下，万物散殊，而礼制行也；流而不息，备同而化，而乐兴也"，再到"日月叠璧，以垂丽天之象；山川焕绮，以铺理地之形：此盖道之文也。仰观吐曜，俯察含章，高卑定位，故两仪既生矣。惟人参之，性灵所钟，是谓三才。为五行之首，实天地之心。心生而言立，言立而文明，自然之道也"。关于美的起源的这些表述尽管不完全相同，但大致勾画出的轮廓却是相同的，即天地之间存在着一种化生万物的力量，谓之为道，它是天地间的大美，是万事万物之美的根源；体现于物，即为物之美，物不能反思，不能感悟美，只有万物之灵的人"性灵所钟"能以心感物。悟知天地、日月、山川的美之所在，从而复归美的根源。

在这样一种承认美的客体的客观实在性，强调美的主体的主观能动性是相统一的基础上，中华民族形成了自己传统的美学理论。这一理论具有鲜明的民族特色，追求独特的美学魅力，从而在历史上和现实中对中国和世界都产生了极大的影响。

第一节　东方美学的追求

所谓古代东方美学，实际上就是以中华美学为代表的美学。

我们追溯中华美学发展的历程，可以清楚地看到它的三大追求，即追形神兼备之美、物心和谐之美及学悟统一之美。这在中国优秀传统文化的诸多方面都有所体现。

一、追求形神兼备

我们的祖先从很早的古代起就知道从形和神这两个方面去观察、分析事物，从这两个方面去发现和追寻事物的美，进而从这两个方面去创造出来。于是在古人的美学认识中，不仅有了形、貌、状的概念，也给予了神、气、韵的概念。

在中国古代论及审美之类的著作中，大都认为，美虽不能离开形、貌、状，即需要一种载体，但美从根本上讲却不在于这种形、貌、状，即质不在此，而在于神、在于气、在于韵，既是一种蕴含于前者之中，又非直接与前者等同的东西。因此古人论道："盈天地间者万物，悉皆含毫运思，曲尽其态。而所以能曲尽者，止一法耳，一者何也？曰：传神而已。世徒知人之有神，而不知物之有神。……故画法以气韵生动为第一"。古人无形无体却决定着万物的生命，使万物得之自然的那种生气、那种生命力，称之为神，称之为气。由于"地气上跻，天气下降，阴阳相摩，天地相荡，鼓之以雷霆，奋之以风雨，动之以四时，暖之以日月，而百物化兴焉"，所以，万物美的根源、万物美的本质，应当是这个能化生万物的神、气、韵。因而对美的追求也就离不开对神、对气、对韵的追求了。

古人视之为万物的物，不仅包括天地、日月、山川等客观之物，也包括作为人的审美创造之物的诗、书、画、乐等。如果说古代中国最初对美的追求已顾及

61

形与神之两个方面了的话，那么以后则进一步发展为由形入神，以形传神的追求；最后更是把神视为真正的美之所在，是特别值得追求的东西了。在艺术中的形与神的含义也因此而扩大，变成艺术体的外在形体与内在本质了。因而学诗，被要求"伐毛洗髓，务得其神，而不袭其貌"；学书被告知"深识书者，惟观神采，不见字形"。论诗、书、画、乐等，有了钟嵘的"滋味"说，司空图的"韵味"说，王士祯的"神韵"说。

东方美学在追求形神兼备之美的过程中，有过多种探索和争论，围绕的核心无非是形神如何并重，怎样兼具的问题。从众多的论说看，比较一致的还是倾向于强调美的本质在神而不在形；但形又不是可有可无的，在表现美、审视美中，其作用不可忽视，因为"六法之内惟形似、气韵二者为先。有气韵而无形似，则生于文；有形似而无气韵，则华而不实"；形神并重或者说兼备又不是无主次的，而应当是以神为主的形神统一。这方面有代表性的言论有王僧虔的"书之为道，神采为上，形质次之，兼之者方可绍于古人"；有围绕苏轼"论画以形似，见与儿童邻。赋诗必此诗，定非知诗人"的争论；有李贽的"画不徒写形，正要形神在；诗不在画外，正写画中态"，对形神并重，以形传神的强调；还有袁枚的"东坡云'作诗必此诗，定非知诗人'，此言最妙；然须知作此诗而竟不此诗，则尤非诗人矣。其妙处总在旁见侧出，吸取提神；不是此诗，恰是此诗"。可见中华传统美学是既重视呈于人的感官的物的形，更看重对形之中、形之后的"君形者"——神的发现与追求，正因为将美的本质归结为神、气、韵，所以中国古代的美学理论对美的评价从不停留于外在的、形式的华丽，甚至也不仅仅满足于外在美所引起的感观的愉悦，而是特别注重欣赏内在之物、内在的意蕴。认为表象华彩光焰暴露无遗，但内在之物却没有，谈不上深刻的意蕴的，即使是美的，也是很浅薄的。与此相反，外表淡然，没有什么外在装饰，但意味风韵却包含潜藏于表象之内的，才是深沉的，真正具有美的魅力的。

在中国传统美学观念形成过程中，我们的古人先是从留意于一物、从某种固定的角度去探讨美、发现美、表现美，以后则会进一步发展为从事物的氛围和联系中去表现美，认为真正的美是一种依存于形而又形而上者，因此将不即不离、若有若无的意蕴、氛围，将虚实结合，虚中能感到实，实中能品出虚的这种美，视为理想之美。用汤显祖的话讲，便是"诗者，机与禅言通，趣与游道合；禅在根尘之外，游在伶党之中。要皆以若有若无为美"。这是一种把握形色又超越形色，从感观出发又超越感观的美。中国古代对美的评价、美的表现到美的理想能够达到这样的层次和境界，并且贯穿于艺术的、审美的各个方面，显示出我们民族传统美学对形神兼备的追求及其取得的成就。

二、追求物心和谐

中国古代美学思想中，常将心、志、情、性等心的范畴与物、景、境、象等物的范畴联系起来，并在二者的关系中追求一种能保持平衡与和谐的美。

在对物心和谐之美的追求中，中国古代是将心，即审美主体的精神美摆在第一位的。对诗，强调"志之所之也""吟咏情性也""人之精神也"，追求的不光是诗这种艺术创造形式的美，更是追求融于此形式中人的志、情、性、精神之美。对书，要求书法所造之型应当是线条化了的作者情思，要能标拔志气，黼藻精灵，要做到"或寄以骋纵横之志，或托以散郁结之怀"。总之，不能是仅仅表现为一种线条的形与状，而应有比这种形与状更多、更深、更丰富的心的内涵。对画，中国绘画美学的主流是强调在象物状景中，要既传物之神，也要传己之神，以表物之神来传己之神，即由物而心，物心一体、物心和谐，创造出真美来。因此有"吾为画如骚人赋诗，吟咏情性而已""意为所不适而无所遣之，故一发于墨竹"之说。因此形成了中国古代难于寄情写意的人物肖像画的不发达，而能写意寓情的山水花鸟画的日益兴盛的局面。对音乐，强调"乐者，心之动也""琴者，

63

心也；琴者，吟也；所以吟其心也"，很强调为情而乐，乐中寄情以求其美。对于戏曲、小说，抒情写意表现审美主体的精神美，更是创作者创作是否成功，能否受到高度评价的关键所在。用汤显祖的话来说，就是"董以董之情索崔、张之情于花月徘徊之间，余以余之情索董之情于笔墨烟波之际"。围绕表现审美主体的精神美，中国传统美学很强调作者的人品与诗品、书品、画品、乐品的一致性，亦即和谐统一性。注重心，即审美主体的精神美，这是追求心物和谐的一个方面。

强调面对审美客体，在心物感应、相互交流中去体验美、创造美，是追求心物和谐的美学境界的另一个方面。在古人看来，物是带有人的性情，人是能够通过心与物交流的。即所谓"山沓水匝，树杂之合；目既往还，心亦吐纳。春日迟迟，秋风飒飒；情往似赠，兴来如答"。所以古人提出"凡画山水，最要得山水性情"，人要代山立言，人可以代山立言："春山如笑，夏山如怒，秋山如妆，冬山如睡。四山之意，山不能言，人能言之。"而山则可以替人传心寄生，"我欲情吟无句，转烦门外青山"。心与物有如此关系，因此创造出情与景合、思与境偕、意与象应的心物和谐之美，就成为了中国传统美学推崇的最高境界。在这种境界中，审美主体的精神美已完全融化为物，通过作为物的审美客体表现出来；而审美客体也完全与心融合，所展示的美已完全将审美主体的精神之美包容于其中了。

中国传统美学追求物心和谐最后要达到的是统集心物，化育万物的天地之道。古人认为，山水庶物都只不过是从不同的层次侧面体现天地之道，而画山水、观山水就是为了从山水之象中理解天地之道。所以，人以己之心，参物之神，心与物妙合之际，也就是达宁天道之时，进入一个即人即物而又无人无物、浑然一体的天的境界。在中国古代美学中，在美的起源和产生上，是由天至物再至心；而在美的发现和创造上，则是由心至物而达于天。这样一种关系中，无论天之美、道之美的产生或再现，还是达到天之美的境界的发现与创造，都离不开物与心的和谐。

三、追求学悟和谐

中国传统美学理论是很重"悟"的。这个"悟",指的是人的思维从感性直观到理性认识的一种飞跃,是一种心理体验的感受,其发生非步步推进而是带有极大的偶然性、突发性。其过程是通过心理体验而非逻辑推理,其结果超越感性而又不脱离感性,其给人之感受是只可意会而不能言传。而学则主要指习得这种以逻辑思维为主的有意识的行为活动。

在这对美学范畴中,中国古人的议论是很重"悟"的。宗炳强调在创作山水画、品味山水画中,"悟"在由形入神、由物会心中,是从对形的感观到对神的把握的直接飞跃。刘勰论文讲"思理之妙,神与物游",强调作文论文当用心理去体验。王夫之在解释心物融合不能强求时称:"天壤之景物,作者之心目,如是灵心巧手,磕着即凑,岂复烦其踌躇哉!"讲的是"顿悟"。袁枚则将"悟"看得更有分量,"鸟啼花落,皆与神通。人不能悟,付之飘风"。

这些都将"悟"视为心与物之间的思维桥梁,视为人的心由具体的物上达于冥冥之天的关键。"闲观物态皆生意,静悟天机入窅冥。"没有"悟",自然就难以由形入神,由物会心、由物知天,当然也就没有了审美思维活动的高境界。因此,我们的前人无论对文艺创作和欣赏,还是对文艺及其他方面审美的把握上,都强调一个"悟"字。作家要进入"悟"的心理状态才能进行美的创造,评论家、欣赏家也只有在"悟"中才能真正品出味来、论出味来,以读诗来说,"诗,以声为用者也,其微妙在抑扬抗坠之间。读者静气按节,密咏恬吟,觉前人声中难写、响外别传之妙,一齐俱出"。朱子云"讽咏以昌之,涵濡以体之。真得读诗趣味"。注重的都是在反复吟诵中入"悟"。

在中国古代文论家那里,文艺与学术之最大区别就在于前者有一个审美的本质问题特别突出,所谓"书道玄妙,必资神遇,不可以力求也;机巧必须心悟,不可以目取也",所谓"禅道唯在妙悟,诗道亦在妙悟",都是在强调"悟"的地位与作用非同一般。

尽管"悟"是如此重要,但古人同时也认为学是很重要的,绝不能只要悟而排斥学。"可得其法,不可得其巧;舍规矩则无所求其巧矣。法在人,故必学;巧在已,故必悟",说明学与悟的关系,乃是相辅相成的,是一个由学而悟、由有意识而达到无意识的发展过程。按袁宏道的说法,平日的有学、有理论积累,才会有一时的或者说突然间的神解妙悟。即先得"博学而详说,吾已大其蓄矣";进而"久而胸中涣然,若有所释焉",把学与理化成了自己的性情、精神;最后才会有灵感突发,"机境偶触,文忽生焉"这样的妙悟出现。可以说在学与悟之间,学为悟之内在基础,悟为学之外在表现,不学勿以成悟,不悟亦难以成学。因此,追求学悟和谐也就成为古代东方美学理论中的又一个重要方面。

东方美学追求形神兼备之美,侧重于客体的客观美的领域;追求的物心和谐之美,侧重于艺术美的创作与评价;追求的学悟统一之美,则主要体现在审美思维方面。东方美学的无穷魅力也正是在这种刻意对形神兼备、物心和谐、学悟统一的不断追求的过程中,形成并长期发挥影响。

第二节　中华美学的民族特征

一、置"中和之美"于显著地位

在中华传统文化中占有特殊地位的儒家思想,讲究中庸之道,"中也者,天下之大本也;和也者,天下之达道也。致中和,天地位焉,万物育焉"。在这种思想观念的支配下,在美学理论方面形成的一个比较显著的民族特性就是推崇一种"中和之美"。

《论语》将《诗经》中的《关雎》篇评价为"乐而不淫,哀而不伤",是哀乐适度的典范,意在确立一种美学标准,即讲适中、讲和。《礼记·中庸》对中和的解释是"喜怒哀乐之未发谓之中,发而皆中节谓之和"。这里的"中节",也即哀乐适度、恰如其分之意。在先秦的其他典籍中,我们还看到了《左传》中对诗乐的"中声""平和"的提倡,《国语》中对诗、乐的"中音"及"和平之声"的称颂,《吕氏春秋》中对恰如其分、节制平和之音的重要性、必要性的论述,对音乐中的不适度表现出的批评、反对,"太巨、太小、太清、太浊,皆非适也";《荀子·劝学》中明确将《诗经》树为止于中声的楷模与标本,认为诗乐就应当具有"中和"之美。这些比较类似和一致的提法,逐渐形成儒家美学,也是中华美学讲"中和之美"的民族特征。

"中和之美"的民族特征,实际上是中庸哲学在美学思想上的反映。由于诗乐是可以通过具体的、感性的手段来起到对人民进行美育的作用,"和民声""乐合同",使人们团结一致,因此在古代思想家看来,诗、乐应该也只能用中和之美来陶冶人们的性情,进而达到节制和规范人们的行为。那些违反中和之美的各种诗、乐,则既不应该作,也不应该听,因为它们使人心智陷入迷乱,从而忘却平和,最终导致有违社会规范的行为产生,以带强制性的礼制规范要求人们,又用以"合同"为特点的诗乐美感教育相配合,从而实现社会的有序状态和人们在美的享受中受到潜移默化的道德规范教育。把"中和之美"摆在显著地位的美学特征反映了我们民族尚和、尚同的根本特性,这在今天仍然具有积极的意义和作用。

二、讲求一与多的统一

在中国古代美学思想中,认为单一、单调是成不了事物,也构不成诗、书、画、乐的美。美应当是一与多、一与杂的辩证统一。自然的美也好,艺术的美也罢，都应该是单纯性与丰富性的和谐统一。这样一种美学思想，来源于中国古代思想家对曲界形成的看法，即所谓："道生一，一生二，二生三，三生万物。万物负阴而抱阳，冲气以为和。"所谓"《易》有太极，是生两仪"。这里的"太极"即一，两仪即天地、阴阳，天地、阴阳合而为三，再从三生出万事万物来。

  在一与多的统一关系中，古人认为"和"是对立统一同是单一。任何事物都不能只有单一、只有"同"，因为这既不能形成真正的和谐，当然也更谈不上美；而只有存在对立的不同的因素，而且这些因素对立统一，也就是"和"时，事物才能显示出美来。晏婴对齐侯讲这个道理时，特别举了烹调鱼和音乐的例子。他说烹调鱼需要醋、盐、姜等各种不同的调料，需要加水，需要用火煮。只有当调料、水、火都恰到好处时，鱼肉才会成为美味佳肴。音乐也一样，若无五音、六律构成一种相反相成的"和"的关系，也就无美可言。正所谓"清浊、大小、短长、疾徐、哀乐、刚柔、迅速、高下、出入、周疏、以相济也。……若以水济水，谁能食之？若琴瑟之壹，孰能听之？同之不可也如是"晏婴这段话揭示出一个深刻的美学思想，只有"单一""专一""同"，是构不成生活，形不成艺术，产生不了美来。郑国的史伯说得更为明了，"和实生物，同则不继"，生命体的产生尚且需要性别不同所构成的"和"才能实现，倘只有男人或只有女人这样的绝对单一，即"同"的话，是连生命的延续这一最简单的事实都无法实现的，更遑论其他。正所谓"声一无听，物一尤文，味一尤果"，只有单一的声音是成不了美妙动听的音乐的；只有单一的物就失去了存在的特色，而味的单一也就没有了果实，因为果实也是种种不同滋味融合的综合体。可见我们的祖先从很早的时候起就确立了只有同与不同、一与多的统一，才会有事物、有发展、有美的产生。以后又有清人刘熙载对这一思想的发展，提出了"《国语》言'物一无文'，后人更知物无一则无文，盖一乃文之真宰，必有一在其中，斯能用夫不一者也"。在承认只有杂和多才会有事物的丰富和美的产生的基础上，又强调了杂或多中必须有一，即一个主脑、一个主题，才不至于杂乱无章，有一则多不乱，有一才能使多真正协调，创造出美来。

尽管一与多相统一的美学思想并非中国所独有，西方美学史上，也有过赫拉克利特关于绘画、音乐都"既是协调的，又不是协调的，既是和谐的，又不是和谐的，从一切产生一，从一产生一切"等这一类的论述，但讲求一与多的统一、一与多的和谐的思想却贯穿中国美学理论发展的始终，作为中华美学的民族特性打上了深深的烙印。

三、追求自然全美的境界

老子、庄子提出的自然全美的思想，对我们民族美学思想产生了重大而深远的影响，在后来者实践的基础上又不断地得到丰富，成为中华美学中的又一民族特性。

老子推崇自然之道，认为这种自然之道是一个浑然的整体，用任何语言和概念都无法表述。基于这一思想，他提倡一种"大音希声""大象无形"的自然全美的境界。"希声"，是听不到的声音，"大音希声"意指真正的音乐是自然存在的，人们听不到的。人们能听到的仅仅是自然之乐的部分之音，部分之声当然不能统率一切之音，所以有声并不是真正的"大音"。有了部分的、具体的声音美，反而会失去大音的自然全美。"大象无形"主要是从形象方面表明了同样的意思，即有形之美不是自然全美而最多是其部分，而真正的大象这种自然之象则是无形的至美。到了庄子那里，声音之美被分为由人奏出的箫管之声的"人籁"，由风吹窍穴发出的声音的"地籁"，以及由大自然自生的、不受任何影响的声音的"天籁"。三音之中唯自生的、自然的"天籁"最美，"听之不闻其声，视之不见其形"，充满宇宙，无处不在。

老子、庄子提倡的自然全美的思想被后来不断引申和发展，成为中国传统美学思想中一大特色，成为文学家、艺术家崇尚追求自然天成，反对人工雕琢的一种至高的美的艺术境界，即所谓"夫真者，假之反也。故五味必淡，食斯真矣，五声必希，听斯真矣；五色不华，视斯真矣""非有独闻之听，独见之明，不可议无声之音，无形之相"，追求就如老子的"大音希声，大象无形"一般。自然全美在艺术风格中则表现为追求一种潇散淡远的自然之美。体现在诗歌中，不以雕章琢句为美，而以表面看似质木无文，而却内涵丰富的"清真"诗风为美；体现在绘画等艺术中，要求"外枯而中膏，似淡而实美"，讲究"质而实绮，癯而实腴""萧散简远，妙在笔画之外"。把自然全美作为最高的美的艺术境界，是要求使出自人工的艺术创作似鬼斧神工、浑然天成、妙造自然，不露雕雕琢；反对专在形式上刻意的斗妍取胜、"功成无所用，楚楚且华身"的做法。在内容美与形式美这二者之间，自然全美更注重于前者。

追求自然全美，在中国古代的诗、文、书、画乃至戏曲、小说诸多领域和方面，都表现得非常充分，成为中华传统美学思想中最具民族特色的思想。

四、重视情感

对艺术美的关键作用从先秦、两汉时期，我们的古人就十分强调创造艺术的美离不开情感的作用。荀子反复讲"夫乐者，乐也，人情之所必不免也。故人不能无乐。乐则必发于声音，形于动静，而人之道，声音动静、性术之变尽是矣。故乐者，……人情之所必不免也。……夫声乐人人也深，其化人也速，……其感人深，其移风易俗……"，《礼记·乐记》中，对情感作用的阐述是："凡音之起，由人心生也。人心之动，物使之然也。感于物而动，故形于声；声相应，故生变；变成方，谓之音……乐也者，音之所由生，其本在人心之感于物者也。""凡音者，生人心者也。情动于中，故形于声，声成文，谓之音。"

中国古人认为，在创作美的过程中，有怎样的思想情感，在作品中就会有怎样的表现，诗乐作为创作者真实情感的自然流露，是不会弄虚作假的，即所谓"唯乐不可以为伪"。在汉代又提出了"诗以言情"的明确主张，形成了"诗之为学，性情而已"的观点。重视情感对于诗、乐、舞等艺术美的创造的作用，是中国古代美学思想中的一个最基本、最明显的特色，这在魏晋及其之后日益明显。陆机提出"诗缘情而绮靡"，刘勰更强调"情以物迁，辞以情发""是以诗人感兴，联袂不穷。流连万象之际，沉吟视听之区、写气图貌，既随物以宛转；属采附声，亦与心而徘徊"和"巧动而辞发""情动而言形"，将情感对于创作美的作用提高到了"情者，文之经"的高度来看待。《文心雕龙》视情感在创作过程中无时不在发生着重要作用：构思时，"情变所孕"；结构中，"按部整伍，以待情会"通变中，"凭情以会通，负气以适变"句中，"设情有宅，置言有位"，且文章的质也关涉性情，"文质附乎性情吐纳英华，莫非情性"。刘勰关于情感在创作全过程中始终起着"经"的作用这种思想，代表了中华美学注重情与美的关系的深刻以识。

刘勰之后，论及情感对小说、戏曲、小令等创作的作用的也大有人在。冯梦龙称小说的"可喜可愕，可悲可涕，可歌可舞"的情感魅力，足以使"怯者勇，洁者贞，薄者敦，顽钝者汗下。虽小诵《孝经》《论语》，其感人未必如是之捷且深也"。

李渔称传奇无"冷场"，"只怕不合人情。如其离、合、悲、欢，皆为人情所必至，能使人哭，能使人笑，能使人怒冲冠，能使人惊魂欲绝。即使鼓板不动，场上寂然，而观者叫绝之声，必能震天动地"。

中国古代美学将强烈的情感视为创造美、艺术美的关键要素，在此基础上将重视情感对美的作用发展成为我们民族美学的一大特征。

第三节　中华美学的魅力

我们的祖先从很早的古代起就在劳动生产的实践活动中产生了以人的本质力量为主体的审美对象，原始彩陶上那些反映人类渔猎种植活动的灿烂辉煌的色彩与图画上着力反映人及其力量说明了这一点。我们的祖先在美的创造和欣赏中也逐渐构建起了以人为主体的审美心理结构。在诗、书、词、画等诸文艺学科中，不仅有丰富无比的美的创造，还有诗话、词话、画品、书品等诸多对美的评价和欣赏。因此中华美学的主要魅力并不在于像西方美学那样突出于对事物的本体论的追求、主体的知情意划分及艺术统一性这三大基础上构建出某种美学体系来，而在于它丰富多彩的美的创造和欣赏，丰富多彩的美学思想和审美体验。

西方人追求美的本质，并且认为这种可以用一套符号将其显示出来，认识美首先意味着得出美的本质定义，并可以用明确的语言表述之，语言崇拜及公理崇拜推动着西方美学的发展。然而在中国，在对美的追求与认识中，却认为语言也好、数字也罢，是难以与美的事物、事物的美一一对应的。这表现在审美客体方面认为是"言不尽物""可以言论者，物之粗也，可以意致者，物之精也"，而在审美主体方面则被认为是"言不尽意""口不能言，有数存焉于其中"，也即是说，在美的方面是可以认识的，但很难完全用语言将其精确地表达出来。如果说西方美学的认识过程是由感性—理性—明晰的语言符号定义的话，那么以中华为代表的东方美学的认识过程则是由感性—语言符号—体悟。因而中国古人最讲神会、心领、意得，从而极大地扩充了创造美、感受美、鉴赏美的天地。

中华传统美学对审美主体心理的把握将其视为一个整体，认为知情意的截然划分是不可能的，因而其审美功能是整体性的，不同于西方美学将主体审美心理做几何式处理、划分得一清二楚。审美心理做出反应的范围当然也就具有不确定性。中国古代创造美、鉴赏美不是将各门艺术都纳入一统来论述，而是更倾向于根据各种艺术的特征及教化功用的地位之不同来分别论述之。对于诗文是给予极高的地位来评说，"夫文章者，经国之大业，不朽之盛事"，称"正得失，动天地，感鬼神，莫近于诗"。在传统文化中，文学、绘画、音乐、书法美的创造与欣赏都有相应的各门艺术的学，只是没有纳这诸多艺术门类之美的论说于一统的艺术美学。这也是中国古代美学有别于西方美学而自有其特色和魅力的地方。

中国古代虽然没有西方式的美学学科体系，但是美学这门学科所包含的诸多问题，如气韵问题、虚实相间问题、形神兼备问题、物心和谐问题、学悟统一问题，我们的祖先都思考过、探讨过，并且在研究中所达到的高度，至今在世界上仍可以说是高水平的。中国古代美学传统中，对诸多美学的概念和范畴，都具有东方人独特的理解，例如气、神、情、意、风、韵、趣、势、力、姿、致、态；又如骨、体、质、筋、格；再如形、色、调、声、貌、笔、墨、辞、文等等。其魅力就在于它们所蕴含的意义的弹性和不确定性，以及这些概念范畴间可以相互交叠渗透的特性。这既是中国传统美学在现象形态上与中国古代哲学和各门艺术理论融为一体的反映，又是中华美学不显山不露水的神奇魅力无穷无尽的源泉所在。

最后，当我们以比较的眼光来看待东西方美学的差异以及由此而引起的各具特色的魅力时，我们会看到，西方美学重以美的本质为核心来建立的体系结构，中华美学则注重由主要范畴构成的整体功能结构；西方美学的艺术理论体系以文学、绘画、雕塑、建筑、音乐、舞蹈为基础，中华美学则以文学（诗、文、戏曲、小说）、绘画及书法为主要基础；西方美学在审美客体理论上从形式——形式与内容——多层结构，对对象的划分是几何图形式的，而中华美学则是从文——文质，从形神——神骨肉，更注重从客体的整体功能出发；西方美学重典型，中华美学重意境。由此而产生的美学魅力自然也就各具特色了。

传统的中国艺术美的魅力游弋于阳刚之美与阴柔之美之间，而西方讲求优美与崇高；中国的悲剧美表现为缠绵深厚、沉而难拔，而西方则往往以抗争拼搏的悲剧美示人；中华传统美学中的丑、奇与怪，全不同于西方的滑稽与荒诞。

无论东西方对中华美学有多少种评价，有几多的褒贬，中国优秀传统文化中的美学魅力却永远是难以抗拒的。

第四节　中国优秀传统文化与高校美学教育

一、中国优秀传统文化在高校教育中的缺失及成因

中国高等教育正处于全球化带来的全球文化和科技主义浪潮的裹挟当中。在竞争激烈的中国社会，传统文化仍具有极强的现实意义。伴随着全球经济一体化的浪潮，多种文化思想、价值理念涌入中国，冲击着国人传统的生活方式，改变着人们早已习惯的文化信仰。高校作为高等教育的平台，负有教书育人的责任，教授知识、传播思想、匡正传承、教导传人责无旁贷。因此，高校加强美学教育，并积极引导学生对民族文化的认同和热爱，增强民族文化自信，以美育人，以文化人，使大学生自觉肩负起社会责任，具有深远的意义。中国优秀传统文化在高校教育中的缺失源于传统文化意识的缺失，成因很多。

（一）对西方文化的盲目吸收

党的十一届三中全会以来，中国社会处于变革时期，在改革开放的浪潮下中国人不可避免地接触到西方先进的文化理念和文化思潮。然而，利己主义、拜金主义等西方的文化糟粕也一并吸纳过来，导致中国传统文化已陷入危机，遇到前所未有的挑战。

(二) 高校传统文化教育的缺失以及市场化教育的功利性

随着中国经济市场化的建立,高校的专业设置、毕业就业、师资水平等立竿见影的硬实力成为高校资源倾注的重点。因此,高校在人才培养的理念上,专注自然科学和专业技能的培养,轻视人文学科,特别是传统文化的教育。培养实用型人才的教育理念严重影响了大学生对人文素质的培养,大学生中国传统文化意识薄弱,中国优秀传统文化在高校教育中的缺失在所难免。

(三) 对传统文化的认识不足

随着高等教育的日益普及,毕业生就业压力前所未有增大,在市场竞争的体制下,人力资源的竞争越来越激烈,计划经济时代的分配就业模式一去不复返。因此,在以科技主义为先导的现代西方主流思潮想影响下,实用主义价值观抬头并泛滥是显而易见的,盲目地崇拜西方文化,认为学习传统文化无用的思想在大学生中的传播也就较为普遍了,目前我国的高等教育却迎合了这种需求,这也是传统文化教育被忽视的重要原因之一。

二、东西方传统文化形成之比较

西方文化的影响是高校传统文化教育缺失的主要因素,东西方文化差异和孰优孰劣尚且不论,单就"文明可以趋同,文化必须相异"的原理来说,中华文化能否进化现代文明,抑或西方文化能否坚守住现代文明,再或是现代文明是否是中西方文明融合的结果,还要看两者的渊源和历史沿革,然后进行比较,才能做出定论。

(一) 西方文化的形成及发展

西方文化形成的策源有三:一是脱胎于古老的日耳曼骑士精神所形成的习惯法。日耳曼是对欧亚草原最西端靠近多瑙河东岸所有游牧民族的统称,由于地缘因素所形成的游牧生活方式，使得该社会群体之间，形成了相对落后的原始习惯法文化。二是古希腊罗马文化，稍晚出现的北欧文化也属于该系列，虽然西方史学界认为该文化出现在距今4000四千年左右，但全球史学界仍有存疑，但因文物造假的因素，能够确认的历史只有3000年左右，古希腊曾经被公认为是西方文明的发祥地，但考古学已经证明它是古埃及和美索不达米亚文明的结合体，并非原创文化。三是以犹太教为先的亚伯拉罕诸教（犹太教、天主教、伊斯兰教、东正教、新教）文化，通常叫作圣经文化，除《圣经》记载之外，可考历史也仅限于3000年大卫王时代的古希伯来时期。以上三种文化形成了今天西方文化的渊源，日耳曼习惯法形成了今天的西方文化，日耳曼习惯法形成的是今天西方的契约精神和司法文化，古希腊—罗马文化形成了今天西方的人文、艺术文化，而圣经文化形成了今天西方的科技、生活和宗教信仰神话。西方文明的另一个分支是由美索不达米亚文明与古印度文明融合形成的古波斯—大食文化，发展成为今天的伊斯兰—阿拉伯文化。可见，西方文化发源的核心是位于今天中东地区的美索不达米亚文化，而并非欧洲及北美地区。

（二）中华文化的形成及发展

中华文化源远流长，信史可靠的时间就有4000年之久，有文物可考的文化长达6000余年。由于地缘位置相对独立，中华文化成为世界文化史中发展比较独特的一支，并成为世界上唯一发展没有中断过的文明。中华文化的形成得益于长江、黄河流域各种原始文化的融合，形成了人与自然和谐的朴素唯物主义道家文化；当佛教传入中国以后迅速地被本土化，融入中国文化，不但为中国文化注入了外来基因，也使得中国迅速成为世界佛教文化的传播中心；中华传统文化的核心除了佛、道等类宗教性文化，其核心是最符合中华民族性的儒家文化，该文化以其兼容宽广、谦卑仁爱的特性，杂糅了诸多文化因素，经历了淳厚质朴的周礼时代、百家争鸣的孔子时代、独尊儒术的大一统时代和开科取士的出仕理国时代，最后凝结成历史上为全中华民族所认同的国家意识形态，成为中华文化的主体。

(三) 中西方文化的比较和融合

通过对东方文化渊源及发展的了解，不难看出西方文化并非开始就是完整和先进的文化，例如其渊源之一的日耳曼习惯法，为欧亚草原上所有的草原民族普遍使用，其来源最早是生活在蒙古高原上的游牧民族迁徙传播到欧洲的。而根据考古发现，中国早在上周时期就与北方草原民族有过深入的接触，中国在战国时代，已与古希腊、罗马有贸易往来，而西方宗教向中国的传播则是从隋唐时代就已经开始了。欧洲近代启蒙运动的先驱，都是在受到儒家文化影响下才开启了资本主义人权思想的先河，当爱因斯坦看到中国的太极图的时候，曾经兴奋地说：看来今天西方的一切只是为了诠释东方的思想。可见，无论什么时候，东西方文化的融合从未停止，虽然中华文化偏重于对宏观规律的认知和把握，而西方文化则重视技术原理的探知，但人类文明的发展过程中，二者缺一不可，人类社会能够有今天的成果，完全是中西文化碰撞后相互融合的产物，缺乏任何一方，今天的世界可能还会在蒙昧时代徘徊。因此，简单地将中西方任何一种文化归结为先进或者落后，亦或盲目崇拜西方文明，是毫无道理的。

三、学习中国优秀传统文化的重要性

传统文化是对一个国家历史的记忆和传承，而传统文化的优秀部分更是一个国家和民族所有文化基因的精髓，中华民族历史悠久，其中不乏有传统文化，而其中的优秀部分更是全体人类的瑰宝，正是由于我们的传统文化浩如烟海，也使得我们忽视了对它的学习。然而，传统文化的重要性就在于它是标注国家民族属性的特定基因，是了解自己历史和自我认同的工具，正所谓"欲灭其国，先去其史"，不学习优秀的传统文化，就无法了解本民族的发展历史，将会丧失对自身来历的认同感。对自身没有认同的民族，将迅速被其他民族的文化洗脑，从而被同化，湮灭在人类历史发展的长河中。

对中国优秀传统文化的学习有助于我们自身文化自信。当今世界各国的竞争是综合实力的较量，科技竞争处于该体系的底部和最外圈层，政治格局和社会制度处于中间位置，而决定前两项因素优劣的是历史传承和民族文化，它位于各国终极实力的核心圈层。所以，学习优秀的传统文化，才能保障自己的国家和民族在全球化的竞争中处于不败之地，只有国家实力作为坚强的后盾，国民的生活幸福指数才能得到提高。马克思·韦伯在他的理性划分体系中也提到，人类的科学理性需要人文理性给予匡正和指导。社会科学在人类社会生活中只能解决"真"的问题，因为它的存在只能证伪或证实，而人类生活中的"善"与"美"则需要通过对人文学科的学习才能得到甄别和判断。中国优秀传统文化正是属于人文学科教授范畴，正好弥补了该项空白。在现实中无论是代表现代科技文明之大成的计算机的诞生，还是现代前沿科学的代表——物理学的研究，无不是在运用了中华传统文化和思维后才取得成功的。可见，即使是在以科技主义占主导的今天，中华传统文化也是现代文明不可或缺的一部分。

四、完善中华传统文化教育关键在于高校美学教育

（一）如何完善中华传统文化

将其中的优秀部分广为传播，关键在于高等教育的美学教育。高校美学教育与中华传统文化结合的要点在于高校有责任讲清楚哪些是超越时代、普遍适用、利于当下的优秀的中国传统文化。那些经过演艺加工、庸俗化的传统文化和已经严重违背现代生活，并造成危害的民俗要坚决取缔。在教授传统文化的过程中，对具有普遍实用价值的东西要弘扬，在形成共识的前提下，聚集民智，勇于创新，创造大家普遍接受、乐于参与的新文化、新风俗。美育是一种发展人的感性素养

为主体的生命教育和人生观教育，以美育人，美育是实施中国优秀传统文化教育的关键。

（二）完善传统文化美学教育的基本方法

首先，追求崇高的传统文化观念是中国优秀传统文化的精髓，也是开展中国优秀传统文化教育的核心宗旨，我们应该把这一宗旨贯穿于整个国民美育或艺术教育当中。其次，我们要寓教于"乐"，选择具有普遍适用性、成效显著、大家喜闻乐见且普遍接受的美育方式进行教育。再次，我们应该充分利用现代信息技术、科技手段与传播渠道，通过各种媒介把中国优秀传统文化传播到校园和社会文化生活的各个角落，并系统地梳理各地零散的教育资源，充分归类整合各项研究成果并积累教学经验，使之系统化、数字化，通过现代信息网络技术手段建设全民关注、共建、共享的文化教育资源库。最后，我们要把中国传统文化教育纳入国民美育系统，从制定教学大纲、建设师资队伍、教材开发、课程设置、成绩评估等各方面进行升级和完善，让学校美学教育成为传承弘扬中国优秀传统文化的主阵地。努力做到学校教育和社会教育相结合，课堂教育与课外教育相结合。学校除了发挥教育主阵地作用之外，家庭教育和社会教育也要合力发挥作用。

（三）亟待完善解决的问题

首先，美育教育要相关部门提高重视程度，教育主管部门应当成立专门研究机构来主持全国的美育教育工作，并积极制定实施全国中国优秀传统文化美育教育指导纲要、建立课程体系、指导教师培训以及完善教材建设制度等。其次，通过聚合优势资源、吸纳杰出人才的方式形成学术高地，并联合其他相关部委及重点高校和研究部门协同共建一个智库机构，执行完善中国优秀传统文化教育这一国家重大攻关课题项目。最后，我们通过党和政府的大力支持，专门建立一个门类齐全、内容详尽的中国优秀传统文化远程教育课堂与公益性开放式数字教育资源库，为实施优秀传统文化教育、改进美育环境提供学术支持、实践引领、决策参考，让优秀文化的精神、遗存、古籍与文物、专家学者的智慧、传统艺术的精华相结合，使其在社会生活中广泛传播开来。

综上所述，学习中国优秀传统文化十分重要。而目前我国的教育体系中对中国优秀传统文化教育的缺失也是不争的事实。填补教育空白，负起文化传承责任，提高国民文化自信和国家认同感，提升国家综合竞争实力，是高等教育所要面临的重要课题；而弘扬和传播中国优秀传统文化，将其深度挖掘，让大众喜闻乐见、心悦诚服地接受，高校美学教育又是不二选择的最佳平台。事实证明，两者如果分离，将会造成优质资源的闲置和浪费，两者一旦结合，将会相辅相成、相得益彰，中国优秀传统文化与高校美学教育将发挥他们最大的功效来更好地服务社会。

第三章　中国优秀传统文化中的文学硕果

在灿烂辉煌的中国优秀传统文化中，文学是最为重要的组成部分。从最早的散文《尚书》、最早的诗歌总集《诗经》，到以后的词曲、戏剧、小说、文学理论及文学批评等文学作品，硕果累累、光彩照人。它们以无比丰富的内容，构成了中国文学繁盛的面貌和代有高峰迭起的历史。中华文学遗产不仅是我们民族无比珍贵的传家之宝，而且是全世界、全人类共同的精神财富。学习、认识、吸收、传播这些文学硕果，是每一个炎黄子孙的义务和责任。从这些硕果中，我们也会得到精神的享受、情操的陶冶、自信心的激励、自豪感的增强。

第一节　多姿多彩的散文

一、先秦散文

产生于公元前14世纪，称得上我国最早的历史文学典籍之一的《尚书》，上断于尧，下迄于秦，作为中华散文的发端，代表了中国最初历史阶段散文表达的水平。它所载之言，所记之事，被后世的历史散文和诸子广为引用。《尚书》情实文质，简明扼要的文风，成为后世师法的榜样。《尚书》开创的典、谟、训、诰、誓、命等六体，成为以后各朝代模仿的主要文体，从六体中还可以衍生出了以后的诏、策、章、奏、论、箴、铭、颂等诸多文体。《尚书》被誉为是"昭昭如日月之代明，离离若参辰之错行"的散文范本。

作为历史著作传世的《春秋左氏传》（简称《左传》），文史结合，是先秦历史散文的代表。它叙事完整翔实，其高超南记事能力将重大战争叙述得有条不紊、繁简适当，故有"左氏为书、叙事之最"之说。《左传》写的人物众多，有正有邪，有智有庄，有纯有谐，但都刻画得形象生动、性格鲜明、栩栩如生、呼之欲出，令人读后久久难忘。语言简练，字句精严，行文富于变化，是《左传》文字上的成就。后人赞赏它"其言简而要，其事详而博"。甚至有人评价说：若论字句之精严，则左公允推独步。

21卷的《国语》，上起周穆王，下迄鲁悼公，分别记载了西周末年至春秋时期周、鲁、齐、晋、郑、楚、吴、越八国的史事，既是我国最早的一部国别史，又是一部有特色的历史散文著作。从文学角度看，它形象地反映了春秋时代尖锐激烈的阶级矛盾、错综复杂的政治斗争，展现了那一时代的社会变化以及形形色色政治人物的面貌。《国语》写人物，形象鲜明、生动感人；记言则多比喻贴切而又喻义深刻；文章大都质朴简洁，所用语言自然而少润饰，是古代散文中的优秀之作。

反映纵横家思想，记载战国时代谋臣策士活动的《战国策》，如一幅幅恢宏壮丽的时代画卷，形象地反映了战国时代尖锐激烈的斗争形势，波澜壮阔的现实生活，错综复杂的社会矛盾和战乱动荡中的民间疾苦。在反映时代生活上广泛深刻，在叙事描写生动细密，在人物形象刻画独特、语言圆熟、文体多样等方面，都堪称先秦文学中的出类拔萃之作。它打破"编年"的限制，以人物的游说活动为记叙的中心，统率记言、叙事，人物形象风姿各异，语言敷张扬厉、明畅通达，形成了辩丽横肆的艺术风格，具有震撼人心的艺术魅力。

作为辑录、记载孔孟言行的《论语》《孟子》，不仅是儒家经典，而且在文学上对后世的影响也极为巨大。一是它们都提出了一定的文学主张，孔子有"行有余力，则以学文"，孟子有"知言养气"说；二是虽为语录体典籍，却从记言辑行中使孔、孟及其弟子的形象流传后世；三是《论语》行文质朴简练、自然无华，颇具哲理，《孟子》则气势充溢，跌宕起伏，说理严密明确，行文流畅感人，并且以严密的论辩逻辑、磅礴的文章气势、寓言故事和形象生动的比喻，令人不得不折服。以后唐代柳宗元主张古文运动要"参之孟、荀，以畅其文"，韩愈文章被人评为"出于孟子"，苏东坡自谓文章多师法孟子，都足见其影响。

除《论语》《孟子》外，先秦诸子的散文都既是富于论辩性、逻辑严密、善用寓言的政论文，又是各具特色的文苑奇葩异蕾。《荀子》为文雄浑，其学问渊博精深，行文气魄宏大，有包容诸家的气概；《老子》文笔简净、声韵流美，议事旨义深邃玄奥，文风清远而追随者众；《庄子》行文恣肆，在文学上对后世的影响不同寻常，鲁迅赞誉《庄子》其文则汪洋捭阖，仪态万方；《韩非子》为文峻削，分析精辟入理、严峻峭拔，读后令人有刻骨铭心之感；《墨子》为文质朴，鲁迅先生称"墨家尚质"，"故其文辞无华饰，取足达意而已"。

二、汉文、汉赋

（一）汉文

汉代散文创作繁盛，特别是政论文勃兴，文人士大夫悉心探讨与国计民生紧密联系，与社会生活息息相关的现实问题，使得文学与生活的关系充分体现出来，对后世产生了深远影响。

被誉为政论文中史论体的开山之作的是贾谊的《过秦论》。它以总结秦王朝覆亡的历史经验为主旨，为文大义凛然，气贯长虹，语言壮美，文采斐然；带有先秦散文铺陈辞藻、夸张扬厉的特色。

另一大政论家晁错的《论贵粟疏》《言兵事疏》等，行文严谨朴实，具有典型的汉文本色。在表现手法上，《论贵粟疏》自始至终运用对比，加强其说服力，结构严整紧凑，用词洗练准确，句式缜密周备，堪称内容与形式完美结合的佳作。

西汉中期桓宽的《盐铁论》全文60篇，均用对话体，将御史大夫和贤良文学代表的论战，包括对盐铁问题的争论，以及对汉代以来的政治、经济、军事、思想文化的方针政策的得失利弊的总结，用会议纪要的形式，重现会议上两派彼此诘难、相互辩驳之状，文字简洁锋利，论辩层层展开、步步深入、精彩纷呈。全文对论辩者没有一个字的形态描写，但从对话的语气、节奏中，却分明能让人感受到双方的神态与感情。这在政论文中确属独具一格的奇葩。

西汉时期贾山的《至言》、司马相如的《谏猎书》、淮南王刘安的《谏伐闽越书》、严安的《言世务书》、主父偃的《论伐匈奴书》、董仲舒的《对贤良策》、东方朔的《谏除上林苑》、路温舒的《尚德缓刑书》等，都是政论文的佳作品篇。汉以后，秦汉散文日渐成为被模仿效法的对象，贾谊、晁错等为代表的作品成为"文必秦汉"的典范。

司马迁的《史记》，不仅是我国历史上第一部纪传体通史、一部历史巨著，也是一部文学杰作。其文学成就是多方面的。《史记》创立了以描摹人物为中心的传记体，其摹写典型的历史人物尤为成功，为开创国的传记文学做出了奠基性的杰出贡献。《史记》以丰富生动的形象，描绘波澜壮阔的历史风貌，堪称现实主义的杰作。《史记》精湛的语言艺术，鲜明的风格特点，表现在描绘人物的语言准确、生动、形象，能传达出人物的个性特征、心理状态、境遇神情；其说理抒情，淋漓尽致，吸收民间语言，俚而不俗；用词造句，崇尚自然，使用双音节复合词、叠句多，使慨叹、唱叹写得感动人心。

班固的《汉书》作为我国历史上最早的断代史，以其杰出的文学成就给后世以巨大影响。在文章辞赋上，魏晋六朝之际，骈文兴盛，为文者多尚《汉书》，倾向排偶骈俪、严整工练见长的文风；对后世史传文学的影响，对后世小说、戏曲的影响都十分巨大。其所刻画的人物更成为后世历代小说、戏曲取之不尽的借鉴渊薮。

（二）汉赋

汉武帝时期，赋体文学兴旺发达，登峰造极而成为汉代的正统文学。汉赋以"铺采摘文，体物写志"为主要特点，大量描写宫苑、都城、山泽、田猎、物产、宴饮等方面的盛况，客观上反映了汉代国力的强盛和大统一的气势声威。行文铺采瑰奇，想象极为丰富，语言描写细密，篇幅结构宏丽，表现出汉代封建社会上升时期的繁荣发达景象。汉赋整个地显示出汉民族在大一统气概鼓舞下的民族精神风貌。到东汉班固时，汉赋已有900多篇，名家60余人，贾谊、枚乘、司马相如、扬雄、班固、张衡等，皆为大手笔。

西汉初期，汉赋的主要作家与作品有：贾谊的《吊屈原赋》和《鹏鸟赋》，枚乘的《七发》。它们为汉赋，特别是大赋的成型和发展奠定了基础。汉赋因司马相如的大赋问世而进入鼎盛时期。司马相如的《子虚》《上林》二赋以其结构宏大、逞辞驰才之极而历来被视为汉赋的代表作。其《大人》《长门》《美人》《哀二世》等赋，写神仙、抒宫怨、状美女、吊古人，题材广泛，才情横溢，为后世效法。

扬雄为西汉末的汉赋大家，其《甘泉》《羽猎》《长杨》《河东》四赋，仿《子虚》《上林》，而更具讽喻之义。

东汉有班固的《两都赋》，傅毅的《舞赋》，张衡的《二京》《归田》赋，赵壹的《刺世疾邪赋》、蔡邕的《述行赋》及祢衡的《鹦鹉赋》。班固的《两都赋》，对长安、洛阳的地理环境、城市格局、风土人情等，都有详细描写，为京都六赋之首。张衡的《归田赋》以短小的篇幅、清丽的文字，抒写优美的田园风光和归隐的怡然之乐，对后代诗词文赋有很深的影响。在汉赋绝无仅有、最具火药味的《刺世疾邪赋》中，赵壹以激切的言辞，猛烈抨击汉末吏治的腐败，人情道德的势利败坏，富有顽强的战斗精神。在汉赋中比较难得的还有蔡邕的《述行赋》。其于叙事纪游、伤时感乱中，表现出对民间疾苦的同情与关怀。

西汉的司马相如、扬雄和东汉的班固、张衡被称为"汉赋四大家"。汉赋也被作为文学创作史上的代表，与唐诗、宋词和元曲并列，被称为中国文学史上的丰碑。

（三）汉赋之后的赋

魏晋时期的赋称得上有成就者，当推曹植、王粲、陆机和潘岳等人。曹植的《洛神赋》对洛神动态美的生动刻画和作者可望而不可及的追求的描述，使作品闪烁一种奇异的光彩，成为最负盛名之作。王粲的《登楼赋》登临抒怀，情深感挚，格调悲凉，可为建安赋的代表之作。西晋陆机的《文赋》首次用赋的形式阐述自己的文学见解，对以后刘勰创作《文心雕龙》的影响以及在文学批评史上的地位，均不可小视。潘岳的《闲居》《秋兴》《悼亡》等赋，以清新洁净的文字写景抒怀，以情韵取胜，具有诗的韵味。左思的鸿篇巨制《三都赋》及郭璞的《江赋》也为有名之作。三都之中的《蜀都赋》一出，人们竞相传抄，洛阳为之纸贵。《江赋》状写长江之浩渺宏阔，沿途地产物貌，极显赋体铺张扬厉的本色。

南北朝时期赋被称为骈赋或俳赋。鲍照的《芜城赋》以华丽形象的语言描绘广陵城昔盛今衰的景象，对比鲜明强烈，情感深挚悲怆，在赋中别具一格，成为赋中屈指可数的杰作。谢惠连的《雪赋》、谢庄的《月赋》将山水诗创作的清新风格带入其中，使作品意境清高绝俗，从而驰名赋坛。此外，江淹的《恨》《别》二赋，庾信的《哀江南》，都是赋中不朽的名篇。

唐代以律赋著称者有李白、王起、白居易、元稹等人。李白的《大鹏赋》、杜甫的《明堂赋》也不失为佳作。杜牧的《阿房宫赋》更是描写工丽，议论精警，内容与形式都十分完美，成为脍炙人口的佳品。

宋代文赋以欧阳修的《秋声赋》和苏轼的前后《赤壁赋》成就最高。它们既具有赋工体物的传统，又熔描写、议论、抒情于一炉，形式自由，文辞畅达，集赋体作品艺术手法之大成。

明末夏完淳的《大哀赋》、清代张惠言的《黄山赋》，也为人称道赞赏。

三、魏晋、唐宋之文

（一）陶渊明文

晋陶渊明以其文《桃花源记》、《五柳先生传》和《归去来兮辞》，享千百年传诵不绝的盛名。《桃花源记》构思奇特，写作技巧高超，富于小说意味，虚中有实、引人入胜，给厌憎社会生活动荡混乱而又找不到出路者以希望，因而易于产生共鸣，故向来为人们所喜爱。《五柳先生传》仅用寥寥百余字，就将一个清贫而有操守、不拘礼法而自得其乐的知识分子的典型形象刻画得呼之欲出。《归去来兮辞》将作者心情与自然景物都写得异常真切生动，写法、语言都朴素、自然、真率，但声韵和谐，句式在整齐之中又有变化，读来声情并茂、有摇曳生姿之感。欧阳修评价说"晋无文章，惟陶渊明《归去来兮辞》一篇而已"，由此也足见陶文的地位。

（二）"唐宋八大家"之文

"文起八代之衰"的韩愈，在唐代古文运动中，无论是理论还是创作，其文都能匠心独运、富于创新。在他的《进学解》《原毁》等中，"惟陈言之务去""能自树立不因循"，创造了适时通用的文学语言。变六朝以来日渐衰败的骈俪文为生动活泼、逗人喜爱的富有艺术魅力的日常杂文。此外，韩愈为文针对现实，有为、有感而发，发愤抒情，故言之有物，如《送孟东野序》等文，俱为佳作。

被称为刻画山水的圣手、游记散文的宗师的柳宗元，其文成就最高的硕果，是他的山水游记，几乎篇篇俱佳。特别是他的《永州八记》，包括《始得西山宴游记》《钴鉧潭记》《钴鉧谭西小丘记》《至小丘西小石潭记》《袁家渴记》《石渠记》《石涧记》《小石城山记》，像一幅幅画面，似一幕幕场景，展现出永州的山水胜景，自具清幽深邃，新鲜奇特，别有洞天。在有限的艺术外壳中，柳氏游记蕴含了无限丰富的内容，千古读来，依然脍炙人口。

宋代欧阳修以平易畅达的风格为文。其文《五代史伶官传》《醉翁亭记》《丰乐亭记》《泷冈阡表》《祭石曼卿文》等，无论议论、叙事、抒情、写景、状物，俱能做到平易晓畅，曲折而有变化，如清澈溪水蜿蜒流泻于山间石坡中，其为文之影响直至明清。

苏洵之为文，习《孟子》《荀子》，学贾谊、司马迁诸家，尤其以《战国策》为楷模，特别擅长策论和经论。其文章更强调"文"本身的要求，注重间架气势和修辞手段，善用比喻。其《权书》十篇、《衡论》十篇、《几策》两篇，以及《上欧阳内翰第一书》《送石昌言使北引》《木假山记》等皆为名作。

苏轼诗文雄健奔放、挥洒自如，自称"如万斛泉源"喷薄而出，"如行云流水""文理自然，姿态横生"。苏轼兼擅文学众体，政论、史论、记、书序、书简、题跋、杂记、随笔、小品文都成就卓著。其《策论》《策别》《策断》等政论文，《留侯论》《韩非论》《贾谊论》等史论文，文通字顺，论辩滔滔，别有新意；《超然亭记》《放鹤亭记》《凌虚台记》等亭台堂阁记及书序、随笔等，具有更高的文学价值。为书简、为题跋、为杂记，写似信笔拈来、不经意而成，却皆为散文艺术之精品。

苏辙为文平和纡徐，明白晓畅、词语但求色泽尖新。其文学硕果有《三国论》《商论》《上枢密韩太尉书》《武昌九曲亭记》《黄州快哉亭记》等。

曾巩为文，平平说去，最淡而古：说理平实浅切，娓娓而谈，既无惊世骇俗之语，亦无空泛无根之言，讲究词浅理畅；在布局谋篇上有剑气蓄势、藏锋不露之特点。其《本朝政要策》《送江任序》《范贯之奏议集序》《宜黄县学记》《墨池记》等，皆曾为佳作。

王安石为文劲健，在散文创作上虽风格不同于其他七家，但在反映和批判现实、叙事、议论、抒情和驾驭各类文体和语言艺术等方面却有相似之处。王安石的文学思想与创作成就，使之列于"唐宋八大家"之中。

四、明清散文成就

明代归有光为文，虽内容并无惊人事件、曲折过程，但其善于捕捉生活中的细节，以小见大，于细微毫末处寄情寓意，在平淡无奇之文中，蕴含撼动人心的真情挚意。其代表作当推《项脊轩志》和《先妣事略》。其文学思想与创作追慕唐宋古文，故被称为"唐宋派"。

晚明小品文的主要代表作家当推公安派"三袁"中的袁宏道。其小品文以游记为突出，文字清新活泼，文笔秀逸，有继郦道元、柳宗元之后的"第三大家"之称。有《初至西湖记》《晚游六桥待月记》《满井游记》，以及其书信、随笔和《徐文长传》等佳作。其他还有以诙谐见长的散文家王思任，写小景小情而于诙谐中寓讽世之意。小品文题材广泛、无所不写的张岱，无论传记、游记、序跋、碑铭等，均能写得情趣盎然，幽默诙谐。其成果最突出的是《西湖七月半》，将湖光月色、人情物态，都写得惟妙惟肖，活灵活现。《湖心亭看雪》《西湖香市》历来为人称道。其小品文《柳敬亭说书》更将人物写得入木三分、令人叫绝。

清初散文三大家中，以魏禧文学成就为最高。他重视文学理论，认为文学既不能完全拟古，也不能完全师心自用、摒弃古人，而应善于接受遗产，又要注意自己的独创性，重视文章的现实作用。其名篇是写异人的《大铁椎传》。其他两家是汪琬、侯方域，在散文上也各有成就。

清代散文流派中的桐城派代表人物方苞，首创"义法"作为文章纲领，要求文章取舍详略精当、结构布局合理、语言文字雅洁。其文《孙征君传》《田间先生墓表》《陈驭虚墓志铭》《狱中杂记》《逆旅小子》《登泰山记》等，皆为享誉颇盛的名篇佳作。

此后，有严复、林纾介绍西方思想和文学的译著，有龚自珍、魏源以新文学家身份的崛起，有梁启超文章"惊心动魄，一字千金，人人笔下所无，却为人人意中所有，虽铁石人亦应感动……"的影响，皆随着政治和学术思想发生的变化而各有成就。

五、展示硕果的我国著名散文选本

（一）断代的散文选本

断代的散文选本有：宋吕祖谦编选的《宋文鉴》一百五十卷，清庄仲方编选的《南宋文范》七十卷，清董兆熊编选的《南宋文录》二十四卷，清庄仲方编选的《金文雅》十卷；元苏天爵编选的《元文类》七十卷，明程敏政编选的《明文衡》九十八卷，清黄宗羲编选的《明文海》四百八十二卷，清薛熙编选的《明文在》一百卷，清朱琦编选的《国朝古文汇钞初集》一百七十六卷、《二集》一百卷；清姚椿编选的《国朝文录》一百卷，清李祖陶编选的《国朝文录》八十二卷、《续录》六十六卷；清王昶编选的《湖海文传》七十五卷；清黄人、王文濡编选的《国朝文汇》二百卷。这类选本选择标准兼顾思想内容和艺术成就，兼顾少数代表作家与多数其他作家，尽可能将一代重要作家、作品网罗其中，而不拘泥于各种文章流派，因而较好展示一个朝代的散文风貌，让人读后不仅能窥豹一斑，也能鸟瞰全面。

（二）跨朝代按古文文体分类的选本

跨朝代按古文文体分类的选本有：宋真德秀编选的《文章正宗》二十卷、《续集》二十卷；清姚鼐编选的《古文辞类纂》七十四卷；清曾国藩选《经史百家杂钞》二十卷，《简编》二卷；黎庶昌编选的《续古文辞类纂》二十八卷；蒋瑞藻编选的《新文辞类纂稿本》六十卷；吴曾祺编选的《涵芬楼古今文钞》一百卷。这类选本选录跨越几个朝代，编选形式主要按文章体裁分类。

（三）专选大家为名家的选本

专选大家名家的选本有：明茅坤编选的《唐宋八大家文钞》一百六十四卷；清储欣编选的《唐宋十大家文录》五十一卷；清高宗编选的《唐宋文集》五十二卷；清李祖陶编选的《金元明八大家文选》五十五卷；清刘肇虞编选的《元明八大家古文选》十三卷；清宋荦编选的《三家文钞》三十二卷。

（四）跨朝代的古文选本

跨朝代的古文选本有：清徐乾学等编选的《古文渊鉴》六十四卷，清方苞代果亲王编选的《古文约选》十卷，清吴楚材、吴调侯选的《古文观止》十二卷，清浦起龙编选的《古文眉诠》七十九卷，清蔡世远编选的《古文雅正》十四卷，清林有希编选的《续古文雅正》十四卷，高步瀛编选的《唐宋文举要》甲编八卷。

此外还有按散文风格分类的唯此一家的曾国藩的《古文四象》。

我国著名的骈文选本以梁萧统的《文选》为最早，书籍共六十卷。以后专门的骈文选本也有各种类型的：如统选历代骈文的《四六法海》十二卷、《骈文类纂》四十六卷等；专选一个朝代的《唐骈体文钞》十七卷、《宋四六选》二十四卷、《国朝骈体正宗》十二卷等；专选若干名家的《八家四六文钞》八卷、《十家四六文钞》十卷等；专选一个地区的《国朝常州骈体文条》三十一卷；精选六朝唐宋的《南北朝文钞》二卷、《六朝文絜》四卷及《唐宋文举要》乙编四卷等。

第二节 从《诗经》到唐诗

一、《诗经》——中国文学的最早硕果之一

《诗经》本来的名称是《诗》或《诗三百篇》，由于汉代儒家尊奉它为经典，所以后世就将它称作《诗经》。

作为中国古代第一部诗歌总集，编成于春秋时代，其中的作品基本产生于西周初期（公元前11世纪）到春秋中期（公元前7世纪），约500多年。其中的作品大部分是民间歌谣，小部分是贵族的创作，它们从各个方面深刻地反映了周代社会的历史与现实，具有历史资料的价值。

《诗经》的内容，根据作品的性质和乐调的不同，分为"风""雅""颂"三类。"风"指的是"国风"，也就是西周春秋时期各国的土乐，包括周南、召南、邶风、鄘风、卫风、王风、郑风、齐风、魏风、唐风、秦风、陈风、吴风、曹风、豳风，即十五国风，共一百六十篇，其中大多数是民间歌谣。"雅"是周王畿的乐歌，周王畿周人称为夏，古代"雅""夏"通用，所以将"夏"称为"雅"。"雅"分为"大雅""小雅"，就像后世人讲大曲小曲一样。大、小雅共一百零五篇，大雅三十一篇，小雅七十四篇。"雅"中大多数是朝廷官吏及公卿大夫等的作品，少数为民间歌谣。"颂"是朝廷祭祀鬼神、赞美祖先与统治者功德的乐歌，四十篇中有《周颂》三十一篇、《鲁颂》四篇、《商颂》五篇。

"国风"是《诗经》的精华。这些多数出自当时人民的口头创作，真实描绘了当时的社会风貌；反映了下层人民反对剥削和压迫的斗争精神；反映了人们追求幸福、自由的理想生活的愿望和要求。《七月》《伐檀》《硕鼠》等篇，表现出对统治阶级剥削压迫的极大愤慨与抗议，形象刻画出统治阶级的寄生、残忍与

丑恶；《鸨羽》《兔爰》等诗，反映出在沉重徭役下人民的痛苦与不满。"国风"有相当部分描写反映爱情与婚姻内容的诗歌，它们真实生动地表现出青年男女恋爱中欢乐、苦闷、波折、痛苦、矛盾等种种情感，真情挚意溢于诗行；反映婚姻的既有直接写婚事仪式、歌唱婚姻幸福的，也有表现妇女在婚姻家庭关系上遭受不幸命运的。

"国风"中的讽刺性民歌与"雅"（主要是"小雅"）中的讽刺诗，构成了《诗经》中政治讽刺诗的主要内容。它们辛辣有力地揭露了统治阶级的丑恶，表现了人民机智勇敢、疾恶如仇的精神。《新台》《墙有茨》《株林》诸篇，都是这方面的代表作。

《诗经》中的大雅与颂诗，内容上大部分是祭祀祖先与歌功颂德之作。从了解当时社会的政治、经济、文化及历史发展看，仍然是有价值的。例如《大雅》中关于周族发展的几篇史诗式的作品；反映上古时代农业发展及历史演进情况的《生民》《公刘》《绵》等篇；以及描写大规模农业劳动的《良耜》等篇，都使后世的人们窥见了周代社会的繁盛景况。

《诗经》以其丰富的思想内容，成为上古时代社会生活的真实记录，是包括夏商在内的周代社会的写照。《诗经》以其极高的文学价值和史料价值，成为中国优秀传统文化中最早的文学硕果。

二、硕果累累的唐代诗歌

中国古典诗歌发展到了唐代，进入了一个繁荣发展、硕果累累的高峰期。从数量上看，仅《全唐诗》就录存诗作近50000首，既是空前的，也是绝后的；就质量而言，先后有包括李白、杜甫、白居易等大家、名家在内的诗人、作者2000多人，队伍力量之众、诗人素质之高、文学功力之深、诗风流行之盛，也前无古人，后鲜来者。唐诗的全面成熟，还表现在唐诗风格的多样，流派的纷呈，题材的多彩，内容的丰富，艺术表现的影响深远，体裁的齐备、定型等诸多方面。说唐诗盛况空前、硕果累累，怎么样评价也不过分。

唐诗的兴盛发达，得益于社会经济政治的变革与发展。唐代作为中国封建社会的鼎盛时期，社会经济和文化普遍高涨的原动力、社会政治发展变革的影响力，促使整个社会生活发生了巨大变化，使诗歌创作获得了新的源泉，拥有了新的材料、新的领域与新的空间。唐诗的主要作者是与门阀世族相对立的庶族寒门。庶族文人由于社会地位低下和生活境遇的困顿，同人民群众有更多的联系，这是唐诗具有高度人民性的一个根本原因。唐代物质生产高度发达和国力的强盛，使诗人学习、创作有了较为安定的环境。这也是激发诗人的诗情、勃发诗性的重要原因。

唐诗能够繁荣兴盛，还得益于社会思想解放，人们的精神状态蓬勃向上。唐代诗人身处封建社会历史发展蓬勃向上的高峰期和相对宽松的思想文化环境中，大多数又属于正在兴起中的庶族阶层，因而生活态度积极乐观，普遍具有"喜好王霸大略，务功名"的态度和"天生我材必有用，千金散尽还复来"的信念。这种积极向上的精神、态度与信念，发而为诗，当然就使诗中普遍洋溢昂扬气势与浪漫气息。唐代统治者由于对自己的统治抱有信心，同时较为注意协调矛盾以求长治久安，因而在意识形态上采取开明政策，诸如允许、鼓励人们批评时政，对儒、道、释各派思潮兼收并蓄。这使得当时的文人敢于正视现实、揭露时弊以疗救社会，由此形成了唐诗发展过程中强有力的写实传统。

唐代艺术文化普遍高涨，促进了唐诗的兴盛。唐代寒门士子走读书应试之途，下层民众也拥有更多接触文化的机会。当时就有王昌龄、王之焕、高适在旗亭饮酒听歌妓演唱自己作品的传说；白居易作的诗有"禁省、观寺、邮候墙壁上无不书，王公、妾妇、牛童、马走之口无不道"的情形。这种文化的相对普及和诗歌群众基础的扩大，给唐诗创作以新的生命力。唐诗风格质朴明朗、形象鲜明生动、声韵自然流畅、语言大众化口语化，与民众文化素养的提高大有关系。唐代绘画、音乐、舞蹈、散文、小说等各种艺术形式的充分发展，也给唐诗以多方面的积极影响。王维的山水诗"诗中有画"；杜甫、韩愈、白居易、李贺都有写音乐、写舞蹈的名篇诗作；传奇小说、佛经里面的故事，对中唐以后的唐诗散文化、故事化倾向以很大影响。曲子词的兴起，为晚唐诗人用细腻笔触写男女情思开拓了境界。唐代以诗赋取士制度的推行和统治者倡导文学之风，更是给唐诗创作的发展以积极的推动和促进。

唐诗硕果累累的巨大成就，还是唐代诗人批判继承古代文学遗产，积极推陈出新的结果。从最早的《诗经》的产生到唐代，中国诗歌创作已有一千六百多年的历史。各代诗人各有成就与特色，创作经验更是丰富多彩。关于《诗经》的写实、《楚辞》的浪漫、汉魏古诗的"风骨"、齐梁新体的"声律"、乐府民歌的清新、六朝文人诗的修辞，俱为唐诗学习、吸取、消化，并形成了集这些优点于一体的唐诗风貌，对文学遗产兼收并蓄，择优吸收其养料为自己所用，在继承中推陈出新，使唐诗能跨越传统，不断地向前大发展。

由于上述原因，唐诗才能经历"初、盛、中、晚"四个阶段，形成自己不朽的辉煌。初唐的王勃、杨炯、卢照邻、骆宾王"四杰"及其稍后的陈子昂转变齐梁旧诗风，加之沈佺期、宋之问、杜审言等完成律体建设，使盛唐诗歌出现高潮有了基础。

盛唐是唐王朝极盛和开始转向衰败的时期，也是唐诗繁盛的高峰时期。高适、岑参等的边塞诗；王维、孟浩然等人的山水田园诗；李白、杜甫的诗歌创作，共同开创了盛唐诗坛百花斗艳、名家纷呈的繁荣局面。

中唐时期，有白居易、元稹、张籍、王建等人以写实为主的诗歌创作；有诗作上重创新的韩愈、孟郊、贾岛、卢仝、李贺等人的努力，加上柳宗元、刘禹锡等人的成就，平易、奇险、幽僻、冷艳、峻洁、真率等不同特色的诗风交相辉映，使元诗坛佳作迭出，成为唐诗发展史上的又一个高峰。

晚唐时期，诗坛有杜牧、李商隐、皮日休、聂夷中、杜荀鹤、罗隐等杰出诗人以感愤时事、关注民生疾苦为主的诗歌创作，最后结束了唐诗的全盛时代。

唐代诗歌代表了中国古代诗歌的最高成就，在后世备受推崇，得到了广泛传播。这表现在不胜枚举的唐诗选本的出现。

选录唐诗的工作始于唐代。当时就有50多种，保存至今的尚有10多种。殷潘所撰写的《河岳英灵集》两卷，最为著名。其特点是遴选诗作极为严格，要求"声律风骨"兼备，又富于形象；且评述各家成就也颇有见地。

宋代有较大影响的唐诗选本当推王安石的《唐百家诗选》20卷，收104家诗人，选诗1262首。宋元之际影响较大的是赵师秀选的《众妙集》一卷，以及周弼选的《三体唐诗》。

金元之际，有元好问选的《唐诗鼓吹》10卷和杨士弘编的《唐音》15卷较为重要。

在明代广为流传，影响最大的是明人高棅选的《唐诗品汇》90卷，选诗620家，5769首，以后又增补《唐诗补遗》10卷，补61人，诗954首。高棅的选本推崇盛唐，明确将唐诗分为初、盛、中、晚四个时期，分体编排，在各体之中又分为九品：正始、正宗、大家、名家、羽翼、接武、正变、余响、旁流。"大略以初唐为正始，盛唐为正宗、大家、名家、羽翼，中唐为接武，晚唐为正变、余响，方外异人等诗为旁流。"在大家和名家、羽翼之间又有主次之别。这一选本在今天也是我们了解唐代诗歌创作全貌的大型选本。

明朝影响较大的有沈德潜编选的《唐诗别裁集》20卷，收诗1900多首，入选者270多人，在突出李白、杜甫为代表的唐诗雄阔主题的同时，唐各时代、各流派、各种体裁的作品也得到较充分的反映。此外，清孙洙编的《唐诗三百首》6卷，按五、七言古近体编排，选唐诗310首，"专就唐诗中脍炙人口之作，择其尤要者"。由于它着眼于历代传诵的名篇，且十分注意作品的通俗性，因此问世200多年来，流传极广，几乎达到家喻户晓的程度。收诗最多的当数清初编修的《全唐诗》900卷，按日本学者将其所收作家、作品逐一编号统计后得出的结论是：共收唐诗49403首，诗作者2873人，可见唐诗成就非同寻常。

第三节 宋词与元曲

一、宋词概说

词是一种配合音乐歌唱的新型格律诗体，有着音乐与文学的双重属性。词的产生与形成，依赖于音乐与诗歌的发展，以及二者结合方式的变革和演进。

宋词是中国古代词的最高成就的代表。宋词波澜壮阔，气象万千。北宋初年能以从容淡雅之笔写就升平富贵之态的晏殊和能以凄婉低回的吟唱、抒写古之伤心人语的晏几道父子，二人相映生辉于当时的词坛，上承南唐遗风，下启宋代词风。

在宋词的发展史上做出了特殊贡献的当推北宋仁宗年间第一个专力写作慢词的柳永。柳永生活的时代，随着社会物质文化生活的丰富，民间乐曲日趋繁复，形式短小的小令逐渐为长调慢曲所代替。柳永大量创作慢词，大大扩充了词的体制、容量，使之更便于抒写复杂的情感意绪。在题材内容上，柳永将都市风貌、市民生活和失意文人的惆怅哀伤等新的社会生活内容带入词中，开拓了新题材、新内容；在手法上，创造性地运用赋体层层铺叙的手法写景抒情，丰富了创作词的艺术经验；创作实践中，柳永还留下了"渐霜风凄紧，关河冷落，残照当楼""今宵酒醒何处，杨柳岸晓风残月"等不少千古传诵的名句。

欧阳修在宋词发展过程中的重要作用，主要表现在他对词的题材做了有益的开拓，以词咏史、咏物，写都市生活、时令节俗，于前代词人中很少见；在写景叙事的词中，表达自己豪迈坦荡的胸怀和深沉的感慨，意境雄放开阔，开宋代豪放词风的先河。

在宋词中，苏轼被认为是"豪放派"的开派人。苏轼为词，既以议论入词，又用经籍语，抒怀述志，慷慨放旷，为前人词中未见或少见。他的《江城子·密州出猎》《水调歌头》（"明月几时有"）、《满江红》（"江汉西来"）、《念奴娇·赤壁怀古》等一系列名篇佳作，既有"豪放"雄风，也有清丽、沉郁、飘逸之风。苏词的风格韵调多样，不拘一格；特别是苏词努力摆脱浅斟低唱的曲子词之俗，使词从乐曲的附庸中独立出来，成为一种广阔的抒情手段，一种表现力更丰富的韵文体裁，扩大了词表达情感的天地，促成了词的内容和风格的多样化。因此苏轼是使宋词成为一代有代表性文体的决定性人物。

北宋词坛上成就卓著，被誉为巨擘的秦观的词，语言清新流丽，明白晓畅，锤炼有致，少用典故和冷僻，有明快不羁、清澈透底的流水般的特点；善于塑造鲜明生动的艺术形象，使形象的感情具体化，表现方式显得丰富多彩，写物状景，着力于情景交融、韵味独到，使意境格外优美；结合整篇作品的意境进行章法和句法的锤炼，故能做到文辞精要，警句、佳句迭出。秦观词的代表作《淮海词》，作为文学艺术财富，具有极高的价值。

被誉为"昆山之片珍"而深受后世推重的周邦彦的词，具有缜密典丽、浑厚和雅的独特风格。周邦彦是北宋末年的著名音乐家，大晟乐府的提举官。在北宋词坛词不和律，天下声律不划一，各种词调不统一的背景下，周邦彦凭借掌管朝廷音乐的特殊地位，以及自己精通音律的卓越才能，致力于审音创调的工作，总结一代词乐，成为词的集大成者。周词在词乐上是人步其韵次、循其绳索，不能逾越的规矩和范本。周邦彦则成为北宋以后历代格律派所推崇、尊奉的宗主。

以独特的艺术风格，在词和词学理论上兼采众家之长，卓然自成一家的李清照，其词音调清新、作词高秀，外表朴质淡雅，内在蕴蓄深厚，读来其味无穷，取得了很高的艺术成就。尤其难得的是李清照的才能和生活相激荡，将个人命运与国家民族的命运融合在一起,其爱国情怀和艺术魅力给人以极强烈的感染力量。李清照的《词论》也不同寻常。它叙述词的源流演变,总结以前各家创作的优缺点,指出了词体的特点及创作标准;主张分别诗词畛域,对这两种不同形式的文学应作不同对待的"别是一家"之说,即词"别是一家",必须有别于诗。此论对后世影响极大,明清之际,李渔论词要求"上不似诗,下不似曲",可以说就是从此说而来的。李清照的《词论》不但是宋代词坛上有独特见解的第一篇词学理论著作,而且是中国女性的第一篇文学批评专论。其词与《词论》都是中华文学发展史上的丰硕成果。

南宋时期的词作,成为在民族斗争中起战斗和鼓舞作用的武器。人们用词这种文学形式来宣传坚决抗战,反对屈膝求和,自然慷慨激昂、豪放悲壮。南宋词坛豪放派的先驱是一批著名的主战派,如赵鼎、李纲、岳飞、胡铨、张元乾等人。他们留下了许多豪迈奔放的辞章。继之而起的大词人辛弃疾,以600多首充满战斗激情与浪漫主义色彩,贯穿主张抗战、反对求和、一心报国、恢复中国、统一国家的爱国思想的辞章,尽显豪放派的风采,成为其最杰出的代表。当时的韩元吉、陆游、陈亮、杨炎正、刘过、戴复古、岳珂等人,抗金主张一致,词作思想内容与艺术风格相近,雄风豪气卷词坛,形成以辛弃疾为代表的豪放词派。在南宋前期词坛上,辛派词成为主流,南宋后期亦不乏继承之人。

二、元代散曲

元代是我国散曲发展的黄金时代。现在知道的散曲作家有220多人,留下作品3800多首,主要代表人物有关汉卿、马致远、王实甫、白朴、姚燧、杜仁杰、卢挚、贯云石、张养浩、睢景臣、张可久、乔吉、刘致、徐再思等。

散曲是一种继唐诗宋词之后新兴的韵文形式。在时代、作家经历、表现方法、题材等多因素影响下,风格多样化、流派纷起、各家自有特色。

关汉卿的散曲,题材内容广泛,传情写态,曲尽其妙。清丽委婉之词中隽美圆润、旷达之风里深含着时代的悲哀;语言通俗口语化,且用词自由,有鲜明本色,使关汉卿成为文学史上著名的散曲大家。

马致远的曲自有特色:形象鲜明,意境高远、语言精练、声调和谐,加之思想内容方面所表现出来的对丑恶现实的不满,对功名利禄的否定,以及不同流合污的态度,使马致远成为元代最负盛名的散曲名家。

王实甫的散曲成就很高,以绵密婉丽、旖旎多姿的作曲风格见长。

白朴散曲的风格兼沉雄、清丽之长,语言质朴自然中显出俊秀美丽。

姚燧作散曲,写景、状物、抒情有豪迈开阔之气,语言色彩诗词化;描摹男女爱情时,则缠绵尽致、婉丽清新,语言通俗,是个有特色的散曲家。

杜仁杰的散曲,描人写事绘声绘影,富于写实,纯用口语,有轻松、幽默、诙谐、滑稽的风格。

元代前期著名的文人散曲作家卢挚,曲多怀古唱和之作,山林诗酒之情。写曲作能讲究辞藻工丽,亦能生动本色、明白如话。

贯云石的散曲,描摹湖山风月能豪放俊爽,写男女爱情,文情凄楚,民歌特色,令人回肠荡气。

张养浩的散曲,或写仕途官场的险恶黑暗,风格旷达飘逸;或描山水田园的景物、意趣,又有清新婉约之风;写民之疾苦,深刻感人,颠沛流离的特色。

睢景臣风格独具,留下的[般涉调·哨遍]《高祖还乡》,以乡民之口,嘲笑汉高祖刘邦还乡时的丑态,结构严谨,形象鲜明,笔调诙谐、语言深刻,讽刺意味强烈,读后令人难忘。

张可久是元代后期最著名的高产散曲家。其传世作品800多首。在艺术上注重格律与炼句,讲对仗、采名句入曲,雕琢中显自然,清丽而不入浓艳。其文人散曲的新风格,对后世散曲影响极大。

元末散曲坛上，徐再思享有盛名。其散曲注重调律，讲究技巧，文字秀丽，抒情细腻，艺术成就较高。

元代的曲之所以能同唐诗宋词并提，成为中国文学史上辉煌一代的文学形式，是与上述散曲大家、名家创作的散曲及其成就分不开的。

第四节 小说与文学理论

一、从《山海经》到明清小说

清代的《四库全书总目提要》将产生于先秦的典籍《山海经》列为"小说之最古尔"。这是一部自古就被称为"奇书"的作品。它记五方之山、八方之海，山川道里、金玉矿产、鸟兽昆虫、殊国异域、风俗民情，几乎无所不包。十八卷《山海经》中，有《山经》五卷，以南北东西中五方山川为纲，系之以古史、草木、鸟兽、神话、宗教诸内容；有《海经》十三卷，注解地理方位，记载远古异人的风俗状貌，夹杂大量神话片段，如"夸父追日""精卫填海"等，其内容奇特、想象丰富，有故事情节，亦有人物形象。后世的小说，特别是志怪、传奇小说，包括《西游记》《封神演义》《镜花缘》等都与《山海经》多少有着因果关系。其对明清白话小说，对古代诗人的创作、文学家的引用，都有极大的影响。

《晏子春秋》是一部记叙春秋时代齐国政治家晏婴的思想、言行、事迹的书。其写作上善于抓住有典型意义的事件，用简洁生动的语言描叙人物活动，故事性强，引人入胜，具有感人的艺术魅力，是我国最早的一部短篇小说集。

魏晋南北朝时，以记录怪异，光怪陆离，荒诞不经为特点的志怪小说特别兴盛。东方朔的《神异经》《十洲记》，郭宪的《汉武洞冥记》，晋张华的《博物志》，王嘉的《拾遗记》，苟氏的《灵鬼志》，干宝的《搜神记》，宋王琰的《冥祥记》，刘义庆的《幽明录》，梁吴均的《续齐谐记》，北齐颜之推的《冤魂记》等，都是有名之作。干宝的《搜神记》成就最高，为这类作品的代表。《搜神记》中，有暴露封建统治阶级残暴荒淫，表现人民反抗精神的作品；有赞美普通人民勤劳、勇敢、善良、聪明的作品；有以爱情为主题的作品；甚至还有不怕鬼怪、破除迷信的故事，都是通过大胆幻想，借助神鬼人的故事，曲折反映人民的困苦、挣扎、反抗和斗争，反映社会的矛盾、冲突与问题。在一定程度上，表现了作者的爱憎情感和理想追求。这类志怪小说中不乏优秀篇章，短小精悍，形象生动，一些表现方法为后世小说家所借鉴。

魏晋南北朝时期还有以专门记述人物言行事迹的"志人小说"。南朝宋临川王刘义庆的《世说新语》为代表作。《世说新语》按内容分为《德行》《言语》《政事》《文学》等36个门类，每类收若干则，全书共1000多则。每则文字不等，有篇幅较长的，一般是数行，也有三言两语的。其主要记述东汉末年经三国至西晋的士人的思想与生活，通过众多人物的逸闻轶事和生动言谈，具体形象地反映当时的社会风貌。其语言简洁、准确，有很强的表现力；常用对照、比喻，富有描绘性、形象性，在《世说新语》中，恰当的比喻和形容、文学的夸张和描绘，几乎随处可见。在语言艺术上，《世说新语》保留下来许多脍炙人口的佳言名句，有文学欣赏价值。它的许多故事成为后世作家取材的宝库，也是研究当时历史的重要参考资料。

唐代小说以传奇为盛。这是一种以历史纪传体为主而辅以赋体的某些特征、具有完整故事情节的新式小说样式。它适应唐代日益朝气蓬勃的新兴社会阶层的举人们遣性娱乐和呈才延誉的需要而产生并形成兴盛局面。唐传奇中最著名的作品有沈既济的《任氏传》和《枕中记》，李景亮的《李章武传》，元稹的《莺莺传》，白行简的《李娃传》，陈鸿的《长恨歌传》，李公佐的《南柯太守传》，蒋防的《霍小玉传》，李朝威的《柳毅传》，等等。唐传奇对后代文学的影响十分巨大。唐传奇中的不少故事，衍变成后代戏曲的题材，有的甚至成为我国古典戏曲中的名作，如由《莺莺传》演化而来的董解元的《西厢记》和王实甫的《西厢记》，由《霍小玉传》演变而成的汤显祖的《紫钗记》《紫箫记》等等。此外，唐传奇在小说题材的开拓和艺术手法的成熟上，也广为后世的小说家们借鉴。

宋代有官修的小说集《太平广记》。这是由李昉奉宋太宗敕命主持编纂的。《太平广记》根据小说题材的性质分类编集，全书有大类92，附小类150多，每类卷帙多少不一，少的一类仅一卷，而多的类多达数十卷。据宋人文章记载，当时说话人必须幼习《太平广记》。宋元话本杂剧诸宫调也时常引用其中的故事。而明、清小说、戏曲中，很多也是从《太平广记》中找到题材的。可见这部书对于宋元时代民间文学的发展所起到的影响和作用。南宋时有《青琐高议》这部包含杂记、志怪和传奇小说的总集广为流行；洪迈的《夷坚志》这部宋人志怪小说中篇幅最大者，除神仙鬼怪、异闻杂录、奇想梦占的内容外，也记有宋人的轶闻逸事、诗词歌赋及习俗习惯等，成为研究宋代社会生活的有用资料，受到后代学者的高度评价。宋代还产生了现代文学概念中小说体裁的中国白话小说，如《五代史平话》《宣和遗事》及《大唐三藏取经诗话》等，对后世的《水浒传》《西游记》有极大影响。

明代白话短篇小说和长篇小说一样繁荣。著名的有冯梦龙编的《喻世明言》《警世通言》《醒世恒言》，（世称的"三言"）和凌初编的《初刻拍案惊奇》《二刻拍案惊奇》（世称"二拍"）等作品。元末明初还有一些长篇章小说，即历史演义出现。罗贯中的《三国志通俗演义》为其开山之作。其后较著名的这类作品有：余邵鱼的《列国志传》、甄伟的《西汉通俗演义》、熊大木的《北宋志传》、袁于令的《隋史遗文》、杨尔曾的《东西晋演义》。

其后除了有《水浒传》《西游记》及《红楼梦》等中国小说史上的几大丰碑外，还有《镜花缘》《聊斋志异》《儒林外史》《官场现形记》《二十年目睹之怪现状》《孽海花》《老残游记》等优秀之作。

明清小说的丰硕果实，建起了中国文学史上与唐诗、宋词、元曲并驾齐驱的又一巨大辉煌。

二、中国文学理论成果

中国文学理论最早可以从儒家那里找到源头。儒家最早提出了一个包罗极广的杂文学观念，他们所谓的文、文章、文学，既包括"礼、乐、刑、政"在内的最广义的文，也指古代的《诗》《书》《礼》《易》之类的文献典籍，还指文辞、文采以及文人的德行操守。儒家的文学观初步揭示了"文"与社会生活，"文"与人的品性的复杂关系；比较充分地论述了文章、文学的政治作用及社会教化作用；提出了美与善、文与质两大范畴和"中和"的审美原则；还提出了合乎道、师乎圣、顺乎礼的文学批评准则和"以意逆志""知人论世"的批评方法。儒家的文学观，理论虽较简略，但作为文学理论，应当是最早的一家，其意义不可低估。

道家的文艺思想偏重于探讨文艺的内部规律，包括审美理想、创作构思及艺术风格之类。把"本体论"的哲学思想引入文艺思想的领域，对文艺本身加以研究，是道家文艺思想的最大特点。其他如重视自然美，反对人工美，尤其是反对人工雕琢的审美理想，不自觉地为创作结合自然的神化艺术提供了某些途径和方法。重视浪漫主义的艺术风格等，也是从注重对文艺本身加以研究的文艺思想中派生出来的，对后世均产生了巨大的影响。

现存的严格意义上的文论著述，最早的是曹丕的《典论·论文》。它不仅专论文学，而且对比分析不同的文体和作家，综合探讨了文学的诸多问题，提出了富有开创性的见解。《典论·论文》的见解包括：对文学的作用做出了很高的估价："盖文章，经国之大业，不朽之盛事"，认为著作文章与"立德扬名"一样可达到精神的不朽。这种观点大大提高了文学在社会生活中的地位，有利于文学事业的繁荣；提出了"文以气为主"的著名论断，"气"兼指作者气质、才性及其在文章中的表现，说明作品的风格与作家的个性具有密切关系，文章具有不同的"气"，根源在于作者具有不同的"气"。这种"文气说"开了后世文章风格形成论的先河，具有历史性意义；提出了文体划分的观点，"文本同而末异"，说明各种文体既有共同的原则，又有不同的要求，即"盖奏议宜雅，书论宜理，铭诔尚实，诗赋欲丽"，分文体为四科八类，大体划定了后世通行的广义的文学范围，使文学概念更加明确起来；提出了关于文学批评的正确主张，即认为"文非一体，鲜能兼善"，因此要反对"各以所长，相轻所短"那种"自古而然"的"文人相轻"的陋习，而应当"审己以度人"，应当重视创新精神。曹丕的《典论·论文》篇幅不足千字，但涉及面很广，并且提出的见解对后世影响极大。

中国文学理论史上第一篇系统阐述创作论的文章，是陆机的《文赋》。它提出了"意不称物，文不逮意"，即文、意、物三者存在矛盾的问题，而创作中所要解决的根本问题，就是要求一篇作品的"意"能正确反映"物文"能完善地表达"意"这一观点。而要做到这一点，就必须在创作前作好生活准备，即"伫中区以玄览"，作好学养准备，即"颐情志于典坟"，完成这些准备之后，才能进入创作过程；创作过程中的核心问题是构思，要排除干扰，发挥想象力，达到"情曈昽而弥鲜，物昭晰而互进"，使情和物在头脑中逐渐清晰、活跃起来；考虑布局结构时，在意（义）和文（辞）两方面都应精心安排，必须服从形式内容，使"理扶质以立干，文垂条而结繁"；在整个创作这从无到有的创造性精神劳动中，要力求"言恢之而弥广，思按之而愈深"，使文和意都达到比较完美的境界；在面对文章"多变"这点上，提出了"苟达变而识次，犹开流以纳泉"，掌握了变化规律，便能化难为易，左右逢源。陆机的《文赋》总结的创作四要领是：一要定去留，"考殿最于锱铢，定去留于毫芒"，剪裁讲究精细，对于"离之则双美，合之则两伤"的，要删改互相妨害的部分，务求辞义相称；二要立警策，"立片言以居要，乃一篇之警策"，即于显著部位用警策之语来突出主题；三要戒雷同，"虽杼轴于予怀，怵他人之我先"，杜绝剽袭，也要避免无心的暗合；四要济庸音，"彼榛楛之勿剪，亦蒙荣于集翠"，即要以精妙的秀句为全篇增色。陆机将"唱而靡应"（不丰富）、"应而不和"（不和谐）、"和而不悲"（不感人）、"悲而不雅"（不典雅）、"雅而不艳"（不华美），视为五种文病，提出了"应"、"和"、悲"、"雅"、"艳"相结合的审美标准。陆机的《文赋》已能较为准确地把握文学的特征，如突出情感因素；强调形象的概括力；注重艺术性，等等。由此可见，陆机对创作规律的论述已达到相当全面的程度。《文赋》对后世文学理论的影响，包括对《文心雕龙》的积极影响，都是显而易见的。《文赋》也因此奠定了自己在中国文学批评史上独特的地位。

中国古代最有系统的文学批评著作当数刘勰的《文心雕龙》。这是一部融史、论、评为一体，以精美的骈文写成的，内容丰富、体制宏阔、结构严密的古代文学理论巨著。我国古代的文学批评萌芽于先秦时代，起初只有片段的资料，散见于有关学术著作之中。到以后随着文学的发展和繁荣，文学批评和文艺理论也取得了进一步的发展和很大的成就。但在《文心雕龙》之前，仍然没有形成真正的体系。《文心雕龙》真正形成了一个包容范围广泛、脉络连贯、条理井然、层次清楚、主旨鲜明的文学理论体系，做到了"体大思精""笼罩群言"，成为中国文学批评和文学理论发展史上的一块丰碑。我国现存最早的一部诗歌评论专著，是南朝梁代钟嵘所著的《诗品》。它系统评价了汉魏至南朝120多位五言诗作者，指出了其特色和优缺点，分其为上中下三品。钟嵘评诗有其审美和批评标准：在思想内容方面，注意到诗歌内容的多样性，而不只强调某一类题材；表现方法上，主张适当运用赋、比、兴，使诗意深婉而不晦昧，即要做到"干之以风力，润之以丹采"，以使诗歌产生滋味无穷的艺术感染力。评论作者时，注意考察其"体"，即作品内容和形式综合形成的艺术风貌，以显优劣、定品第、溯渊源、辨流派。

《诗品》以其特色和成就，在文学批评和文学理论方面为后世留下了宝贵的遗产。

中国古代的文学批评和文艺理论著作不胜枚举。上面所言，不过是它们中间的一小部分代表作而已。

第四章　中国优秀传统文化中的艺术宝藏

第一节　中国书法艺术

一、书法艺术概述

中国书法是我国一种独特的艺术形式，它是以汉字为表现对象，用以兽毫为主制成的毛笔作为表现工具的线条造型艺术。

汉字是世界上最古的老文字之一。在西安半坡仰韶文化遗址出土的陶器上，就发现了具有文字性质的刻画符号。据考古测定，距今有五六千年。这些符号独立演进发展，终于形成庞大完整的汉字系统。

除了汉字，世界上最古老的文字还有五千年前苏美尔人的楔形文字、四千年前的古埃及象形文字、公元初美洲玛雅人的古文字，但这些古文字都相继消亡没有流传下来。唯独汉字在中华民族数千年历史发展中，适应了语言的变化，成为交流思想、传播知识的工具，而且发展成为一门世界上独一无二的书法艺术。

中国书法之所以被称为东方艺术的奇葩，是因为其基础本源于汉字的特殊结构。汉字起源于象形文字，也就是通过描摹自然形态之美而诞生的。古代就有关于"仓颉造字"的传说。据唐代张怀瓘《书断》记载，仓颉仰观天上日月星辰，俯察地上鸟兽草木，"博采众美，合而为字"。这种"一类象形"的象形文字，像图画一样再现自然，包含着美的因素，就是书法艺术的胚芽。

东汉许慎《说文解字》把古人造字方法归纳为六种，"六书"。即象形、指事、会意、形声转注、假借，并一一作了解释：①象形，即用线条画出事物的形状。如：日、月、山、水。象形字近似图画，但本质上有所区别。它是构成汉字的基础。②指事，即用象征性的符号表示一定的意思，如上、下、本、末。③会意，是把两个或两个以上象形或会意字组合起来，以表示一个新的意义，如众、森、明、暮。④形声，用表意的形旁和表音的声旁组合成一个字，如沐、功、色、问。⑤转注，是说一类意义相同的字，可以互为注释，如"考"和"老"。⑥假借，是说本来没有的字，借用同音字或音近的字，如"求""距"。

总之，"象形"是"六书"的基础，繁杂的象形汉字，经过历代的演变，虽然逐渐趋向符号化、抽象化、简笔化，但仍然存在"不象形的象形"性质。这是汉字最基本的特点，也是书法艺术最重要的规律。书法家通过汉字的这个特点，在书写点画时，在意念中有形象活动，也就是"意象"。

值得强调的是，当中国书法从象形到抽象，从实用进入表情达意的时候，便具备了现代艺术的特征。所谓现代艺术，即是说它没有事先选定描绘对象，没有事先确定的艺术准则，完全是作者思想感情的倾泻。这种表现主观自由的艺术，在七世纪中国唐代的，张旭的狂草中已得到充分的体现。而西方直到20世纪，抽象派画家康定斯基才考虑：用纯粹的艺术手段表达"内心的语言""不必借助外部世界形象"。中国书法正是用这种纯粹的艺术手段来表达内心语言的艺术，它是一种令世界瞩目的古老而又富有生命力的艺术。

二、中国书法的艺术特征

（一）书法的笔线美

"法于何立？立于一画。一画者，众有之本，万象之根"。这是清代大画家石涛在《画语录》中一段非常精辟的记述。他认为绘画的法则，创立于"一画"。正是千万笔画才组成了无比丰富的画面，所以"一画"是一切物象的根本。书法也是如此。因此，古今任何一个书法家都把探求笔线美，作为毕生孜孜以求的重要课题。

古人常说的"笔法"，就是关于写好"一画"的用笔方法。早在东汉时蔡邕就提出了"藏头护尾，力在其中"的要诀，指出了起笔要藏锋，收笔要回锋，但是中段怎样写的问题，直到晚清康有为才指出，一画要"中实"，即画的中间要有丰实的意见。

什么样的笔线才符合书法艺术的审美要求呢？王羲之在《用笔赋》中提出了"藏骨抱筋，含文包质"八个字，可以说是书法笔线美的审美标准。

古代书法家习惯地将书法美类比于人体美，所以在书法理论中有"筋、骨、血、肉"的说法。健美的人体，必须使"增显得中，修短合度"，甚至达到"增之一分则太长，减之一分则太短"的完美境界。优秀的书法，笔线也要肥瘦得宜，骨肉亭匀。书法中的"筋骨"，常代表字的间架和点画的力度。人体靠筋骨支撑，写字首先要"立骨"。如果筋骨不立，血肉无所依附，神采、气韵也都无由表露。南齐谢赫提出"骨法用笔"作为"六法"之一，在书法写字时首先要有"骨力"。筋骨宜藏不宜露，所以"藏骨抱筋"是笔线的审美标准之一。人不仅要有健全的形体，还贵在具有美好的精神气质。书法也是此，"立骨"之后，还必须血肉丰满，必须"含文包质"。所谓"文"，是指表露在外的风采神韵；所谓"质"，是指蕴藏于内的朴质精神。孔子说："文胜质则史，质胜文则文质彬彬，然后君子。"（《论语》）文质兼备，是笔线的另一个审美标准。

唐代张怀瓘说的"以筋骨立形，以神情润色"，正是对"藏骨抱筋，含文包质"这条笔线审美标准的进一步解释。书法点画必须兼有"筋骨""文质"这两个方面，才能产生美的感染力。

什么样的笔线最美呢？古代书法家常常借助类比手法。比如在晋、唐书论有"如屋漏痕""如坼""如折钗股""如印印泥如锥画沙"等。近代黄宾虹先在阐述"用笔四法"时，也是借用这些传统审美准则，他说："用笔须平，如锥画沙；用笔须圆。如折钗股；用笔须留，如屋漏痕；用笔须重如高山坠石。"可见这些形象比喻，既是笔线的审美准则，也是用笔的最高境界。

（二）书法的结体美

结体，也称"结构"，又叫"间架结构"。汉字是由不同形状的点画，按特定的规范形式组成复杂纷繁的字样。好像造房子一样，用砖、瓦、木、石等不同性质的材料，按建筑力学的规律，建成各式各样的房子。造房子，由于建筑师对材料的处理和配搭方法的不同，建成的房屋就有不同的形式和不同的风格；而写字，则因为书法家不同的用笔，写出了不同的点画形态，并将这些点画按自己喜爱的方法配搭成字，于是就产生了不同风格的结体。可见书法的结体，既受汉字特殊规范的组织形式的约束，又可以产生千姿百态的变化。这样，对结体美的探求，就成了中国书法家在用笔之外的另一个重要课题。

关于书法的结体，早在蔡邕《九势》中，就提出了一条基本原则，他说，凡落笔结字，上皆覆下，下以承上，递相掩映，立无使势背。意思是组成一个字的点画之间，必须要上下互相承接，左右互相掩映，顺应笔势的发展，形成一个完整的整体。这是结体美的最基本的要求。后来王羲之进一步阐述了结体的宜与忌的问题，指出：平直相似，状如算子，上下方正，前后平齐，便不是书。隋代智果著《心成颂》、唐代欧阳询有"结体三十六法"。

书法结体，既受汉字特殊规范的组织形式的约束，又可以产生千姿百态的多样变化。唐代孙过庭把结体美概括为一句话："违而不犯，和而不同。"结体的种种关系，主要包含以下几个方面：①奇与正；②疏与密；③违与和。处理好这些相互依存，相互制约，既对立又统一的结体关系，才能创造出不同的结体美。

（三）书法的章法美

章法，即整幅字的布局方法。书法与绘画不仅在笔法上有很多共同点，在章法上也有着许多内在的联系。章法古人又称"分间布白"。古人认为，写字虽然是用笔墨写在实处，但是着眼的地方却是空白处的安排变化。掌握了用笔、结体之后，章法的安排极为重要。清人笪重光在《书筏》中指出："精美出于挥毫，巧妙在于布白。"元代饶自然认为布白要注意上下空阔、左右疏通，即便寥寥数字，或洋洋洒洒几百字，都得通盘筹划，留有余地。因为只有这样，整篇的布白才具有内在的联系，自己情感有所寄托与宣泄，也能为欣赏之人留出一个品味和思考的空间。空白美是相对实景美而产生的，能引起有效艺术知觉、审美联想和审美想象的心理定向。

章法主要有以下内容：①宾主；②虚实；③气脉连贯。

章法在表现形式上，常见的有："纵有行，横有列""纵有行，横无列"及"纵无行，横无列"三种。

章法的内容还包括题款与印章。

一幅讲究章法美的书法作品，犹如一曲优美的乐曲，字里行间，时而舒缓，时而急促，时而畅通，时而停歇，能给人以极大的艺术享受的感觉。

（四）书法的意境美

意境，也称境界。应用于书法中，泛指书法的神采、气韵、笔意等内在的精神境界。《辞海》的诠释是：指艺术作品描绘的生活图景和表现的思想感情，融合而形成的一种艺术境界。能使读者通过想象和联想，如同身入其境，在思想感情上受到感染。可见意境是一种情景交融，给观者以美的感受的艺术境界。其历来是我国艺术理论的核心，是评价艺术作品水平的重要标准。书法意境美的内涵十分丰富。

其一"迁想妙得",这是东晋画家顾恺之提出的具有普遍意义的创作规律。书法同绘画一样,也要强调向自然学习,获得启示从而创作出书法艺术形象。唐代张旭的草书,达到了"变动犹鬼神,不可端倪"的艺术境界。

其二"达其性情,形其哀乐"。书法是一种抒情达意的艺术。在书法理论中,关于书法的抒情因素,汉代杨雄在《法言·问神》中说:"言,心声;书,心画也。"后来的蔡邕在《笔论》中也论述:"书者,散也。欲书先散怀抱.任情姿性,然后书之,若迫于事,虽中山兔毫,不能佳也。"所以书法的境界,实际是书法家在作书者思想感情的境界。

书法既可以激情迸发的宣泄情感,也可以简淡玄远的寄寓心境。据史书记载,唐代草圣张旭往往醉后疾书狂草,有"张旭三杯草圣传,脱帽落顶王公前,挥毫落纸如云烟"的酣畅淋漓之快意。同样,晋王羲之的行草书,流露其飘逸脱俗的风情。而董其昌书法,则追求淡泊优雅。

其三"功夫在书外"。"书品即人品"也就是说书法是书法家人格品质和情感状态的外显。所以书法作品的意境,常取决于书法家的立意与审美情趣。则就除了需要精炼笔法,还必须要丰富阅历,加强人品和学问修养。古人对此多有论述。关于人品,唐柳公权说:"心正则笔正";清傅山认为"作字先做人,人奇字自古";关于学问,宋苏轼说"退笔如山未足珍,读书万卷始通神"。关于阅历,古人常称要"行万里路,晓天下理"。唯其如此,才能使书法作品焕发神才蕴藉,动人心魄般的艺术魅力。

113

第二节　中国绘画艺术

一、中国绘画史概述

中国是世界文明古国之一，中国绘画是中华文化发展历史长河一条重要支流，源远流长，波澜壮阔。它是中国传统文化的重要组成部分，是中华文明史中最珍贵、最辉煌的艺术遗产；是历代绘画大师将自己人生的心路历程融入形象、色彩和构图，用心血和生命创造出来的瑰宝。当我们徜徉在历史的画廊，走进这座如梦如幻的美之殿堂，领略它那博大精深、色彩斑斓的历史内涵和人文景观时，既可以增长知识，提高品位，感受美之真谛，又可以陶冶情操，修身养性，获得美之享受。

中国绘画有悠久的历史，如果从新石器时代彩色陶器上描绘的鱼、鹿纹饰算起，到晚清的绘画，前后经历了700年的发展历程；即使从长沙出土的楚墓帛画《龙凤人物图》算起，也有两三千年历史。中国绘画的发展，与中华民族长期形成的审美观和中国文明史分不开，尤其与中国的哲学、伦理学、文学、书法、音乐、舞蹈等密切相关。中国绘画渗透着这个儒、道、释各家的哲学思想与审美观念。潘天寿曾说："吾国唐宋以后绘画，是综合文章、诗词、书法、印章而成。其丰富多彩，均非西洋绘画所能比拟。是非有悠久丰富之文艺史、变化多样之高深成就，曷克语此。"（《听天阁画谈随笔》）

远在原始社会，中华民族的祖先在生活中就孕育了绘画胚胎。距今四五千年前"仰韶文化"，彩色陶器上画有鱼纹、花叶纹、人头纹等图案，还有野鹿、青蛙、鸟雀等图画。在商、周、春秋时期的青铜器上，就铸有直接反映现实生活的画面。还有各种动物及宴乐、采桑、围猎的画面。早期的中国绘画包括岩画、彩陶、绘制或铸刻在岩石、陶器、青铜器以及建筑壁画、画像砖、漆画、帛画、木版画等。在洛阳殷墟中，还曾发现残破的布质画幔。直至汉代纸张发明后，画家用毛笔在纸上绘画，才逐渐演变成现在的中国画。

两汉和魏晋南北朝时期，国家处于分裂，人民饱受灾难，然而绘画却因为民族大融合与文化交流得以飞跃发展。同时东汉佛教的传入导致宣传教义的佛教绘画兴起，许多士族阶层的名流，积极参与绘画活动。这时期出现了一批历史上确有记载的著名画家，如东晋的顾恺之、宋的陆探微、南齐的张僧繇、北齐的杨子华和曹仲达等。并写出了历史上最早的画论著作。中国人物画已达到成熟，题材范围也有所扩大，除宣传佛教与道教的内容外，还有与文学配合的故事画、描绘现实的风格画等。由于魏晋文人个体意识的觉醒，崇尚自然山水的审美感知，中国山水画已经开始成为独立画科。

隋唐时期社会经济、文化高度繁荣，绘画也随之呈现出全面繁荣的局面。唐代的绘画在历史上具有划时代的意义。首先，绘画的内容更面向现实生活。宗教画出现了世俗化倾向。绘画体裁上，人物画达到历史顶峰，山水画得到迅速发展，花鸟画渐成独立画科。其次，绘画风格多姿多彩。既有吴道子挥笔立扫的疏体，又有李思训三月之功的密体；既有金碧辉煌的青绿山水，又有破墨淋漓的水墨山水；工笔与写意各有千秋。唐代画家有文献和画迹可考的有近四百人。由于唐诗的成就和影响，文人士大夫绘画注重情趣，追求意境，著名诗人兼画家王维在艺术创作中表现出"诗中有画，画中有诗"的追求，是文人画兴起的前奏，对中国绘画发展产生重大影响。

短暂的五代则是宋代山水、花鸟画大发展的基础。五代的绘画，是个承上启下的时代，无论人物、山水、花鸟画，都在继承唐代传统的同时出现了新风貌。人物画在表现技巧上，更注重人物神情和心理的描写，传神写照能力进一步提高。山水画有了皴染方式。并形成风格迥异的南、北两大山水画派系。花鸟画出现"黄家富贵，徐熙野逸"两种风格，开创了后世花鸟画的两大流派，对后世均有重大影响。

宋代绘画是继唐代以后中国绘画史上另一座高峰。宋代绘画的成就主要表现在两个方面：一是以院画为代表的现实主义艺术繁荣，二是倾向于表现自我的文人画兴起。宋代是中国画院的极盛时代，在画院的组织形式上是最为完备的。北宋的山水画风在五代的基础上更趋成熟。李成和范宽是北宋初期山水画家的代表，上承荆浩以水墨为主的传统，以表现北方雄浑壮阔的自然山水为主，他们的创作具有划时代的意义。南宋以后，马远、夏圭在描写江南景色方面有突出的贡献，成为当时画坛的主流。更是因为构图多截取山水一角或片断，画面留下大块空白，而被人们称为"马一角"和"夏半边"。这种构图简洁，主题鲜明的山水画有一种全新的境界。

宋代中叶以后，画坛出现了一股强调表现主观意趣，表现出重"理"轻"形"的艺术思潮，这就是画史上所说的"文人画"理论。文人画家主张绘画要寓意抒情，"不求形似"，崇尚笔墨、形式的意趣，宋代文人画的标志是水墨梅、竹成为独立画科，其代表人物是文同、苏轼、杨无咎、赵孟坚、郑思肖等。文人画的出现是绘画史上的一个进步，对于中国画的发展起了重要作用。

中国绘画发展到元代，由于元朝蒙古统治者贵族对汉族实行残暴的民族歧视政策，于是逃避现实的隐逸思想在汉族士大夫中甚为流行。寄情遣兴，聊以自娱，文人画思潮逐渐统治中国画坛。绘画的题材反映社会生活的减少，人物画衰落景象，而山水画则有较大发展。画史上元代有成就的画家都表现在山水画的创作上，如赵孟頫、钱选、高克恭及黄公望、王蒙、倪瓒、吴镇等。花鸟画则以水墨梅竹风行一时。元代画家李衎行、管道昇、柯九思都长于画竹，王冕专写墨梅。元代文人画家把"外师造化，中得心源"作为创作信条，使创作富有生气。同时元朝画家明确提出以书法入化的主张，强调诗、书、画的结合，在笔墨技法上也多有创造。元以前绘画材料以绢为主，故画家多用湿笔，而元朝画家多用纸作画，画家在笔法墨法上寻求更多变化，皴擦点染有更高的驾驭笔墨的能力。元代的山水画代表了中国山水画史上的一个高峰，也是中国文人画成熟的标志。

明代绘画流派纷呈，各领风骚。明嘉靖、万历年间，经济繁荣，文化昌盛，并产生新的变化。明代文人画和风俗画大发展，山水、花鸟题材流行，创作宗旨更强调抒写主观情趣，追求笔情墨韵。明清两代画家众多，并形成诸多流派。明代较大的流派有以戴进为代表的浙派，以沈周、文徵明为代表的吴门派，以董其昌为首的华亭派等十多个派别。明代绘画后期，山水画成为主流，文人写意花鸟画也迅猛发展，画坛以吴门画派为首。代表画家有张宏、徐渭、陈淳、篮瑛、陈洪绶等。"吴门画派"不仅代表着明代绘画的最高水平，而且在师古创新的探索中，为后世开先河。山水画以董其昌为代表的"华亭派"影响最大，在他的画风和理论的带动下，文人画的体系进一步发展和完善。

清代绘画主要以文人士大夫的山水、花鸟画继续在画坛上占统治地位。有娄东、虞山、新安、金陵、江西、镇江等画派。清代绘画大多内容空洞，形式单调，而且创作上崇尚保守，因循模仿，这种倾向在明代已经出现，到清初"四王"王时敏、王鉴、王翚、王原祁达到屡见不鲜的程度。作画要求笔笔有出处，不能脱离古人规范。如此画家几乎成了翻摹古画的机器，一切创作的生机都被扼杀了。由于这种思潮适合封建统治者的需要，故被奉为画坛"正宗"。但是，当仿古保守的思潮统治明清画坛的时候，一股革新力量打破了万马齐喑的沉闷局面。在明代以陈淳、徐渭为代表，在清代则有八大、石涛与"扬州八怪"（金农、郑燮、汪士慎、李鱓、黄慎、高翔、李方膺、罗聘）领袖群伦，在江南则出现了"清初四僧"（朱耷、石涛、弘仁、髡残）和"金陵八家"为代表，他们在绘画艺术上反对"四王"的临摹之风，表现方法上敢于创新，作品清新活泼，富于个性，具有时代精神。其流风余韵延及近代，被现代著名画家齐白石、徐悲鸿、潘天寿等人所接受。

明清绘画还有一个突出成就,就是以木版画为主的民间绘画蓬勃发展。明初商品经济的发展,城市的繁荣产生发达的市民文学,直接或间接地影响到版画艺术的发展。明清一批著名画家参与了版画创作,如唐寅为《西厢记》插图,仇英为《列女传》插图,陈洪绶的《水浒叶子》和《西厢记》插图,改琦的《红楼梦图咏》,被公认为艺苑奇葩。此外,王概编辑的《芥子园画传》,吴友如在上海主绘的《点石斋画报》,更有深远的影响。文人画家参与创作版画,打破了宋、元以来画家与画工不可逾越的界线,对提高民间绘画起了重大作用。清代民间年画广泛反映社会生活,是十分宝贵的民族艺术遗产。

近代中国社会处于百年激烈动荡与艰苦斗争中。反映在近代中国画坛上,则为各种画学思想的激烈交锋,各派艺术风格的争奇斗艳,复杂纷繁。近代绘画大体上可以划分为五大体系,即以上海为中心的海派,以北京为中心的京派,以及各种形形色色的革新派。海派以任伯年、吴昌硕为代表,以及受海派影响而自成一家的陈师曾、齐白石、潘天寿等。还有在山水画方面取得较高成就的黄宾虹、吴湖帆等。他们继承了明清革新派的优良传统,强调画家的独创精神与文化素养,为中国画的发展做出了卓越贡献。京派基本沿袭清代正统派画学思想,标榜"四王",强调继承古法,较著名的画家有金城、肖谦中、肖俊贤、贺履之等。在西方文化思潮的冲击下,一批有志革新中国画的画家,从西画中吸取营养,以表现时代精神。最早体现这种艺术思潮的是岭南派,它的创始人是高剑父、高奇峰、陈树人。稍后,则以徐悲鸿提倡中西结合画派的影响较大,蒋兆和、傅抱石、吴作人都是这一画派中较有成就的画家。此外,以农村写生、战地写生为创作主调的长安画派赵望云、石鲁;创办上海美专的刘海粟,创办正则艺专的吕凤子;创办无锡美专的贺天健等,都对中国画的革新作了不同的贡献。

中国绘画艺术在历史的长河中,沿传相续,嬗变演进,形成了民族的审美需求与传统风格。同时又在时代的前进中不断充实、突破和创新，成为华夏艺苑中的瑰宝，也是世界艺术花园一朵光彩夺目的奇葩。

二、中国画的门类与特点

（一）中国画的门类

中国画的门类，根据不同的划分标准有不同的分类。按表现内容分，有人物、山水、花鸟之分。

按画法分，有工笔、写意、兼工带写之分。工笔画一般要先画好稿本，然后拷贝到经过加工的绢或纸上，先用小笔勾勒，再层层敷色，所谓"三矾九染"，往往精细刻画景物，穷尽奇妙。写意画则用简练的笔法描绘景物，写意画主张神似，不求形似，注重笔墨表现，讲究以书画人，强调画家个性。其中以泼墨画的狂放奇肆又称大写意，或者称为墨戏。兼工带写是把工笔和写意两种技法，同时运用于一幅作品中。这类绘画用笔比工笔画稍显粗犷，比起写意画又较规矩，希望形神皆备。

中国画按着色分，又有白描、水墨、设色之分。设色中又可分为青绿、金碧、墨绿、浅绛、重彩；水墨中又有干笔、湿笔、焦墨之分。白描是以单线勾勒塑造对象，就是描，不用色彩，也称"白画"。白描是中国画最古老、最基础的画法。特别强调线的表现力，产生了各种不同的线描方式。青绿、金碧、浅绛主要用于山水画门类，青绿山水要用石青、石绿颜色填涂，色彩艳丽。金碧山水则在青绿山水上再用金银色钩轮廓，画面富丽堂皇。水墨画不着任何颜色，多用枯笔皴擦的叫干笔画，反之叫湿笔画，很少用水，只用焦墨作画的叫焦墨画。在水墨画稿上略加赭石、花青等淡色的称浅绛山水。山水、人物、花鸟画都有重彩，大多用不透明的矿石颜料和重墨作画，使彩与墨相映生辉。没骨画是指不用水墨勾勒，直接用色彩点虱而成的画法。

按绘画主体分，则有院体画、文人画、画工画。院画是指皇庭宫室供养的专职画家的作品，由于皇家的喜好，长期以来便形成讲究工细、富丽堂皇的特点。文人画也称"士大夫画"，是封建社会文人、士大夫的绘画。文人画一般回避社会现实，讲究"书卷气"，注重笔墨，脱略形似，强调神韵。画工画是指民间的以画为职业的画工所画的画。所画内容大多为佛像、肖像、建筑花样纹饰、年画及吉祥物。装饰性强，色彩艳丽浓烈，有非常浓厚生活气息，缺点是往往流于匠气。

中国画还以画幅与装裱形式以及绘画工具等分类。

中国画一般较常用的分类，还是所谓"画分三科"，即人物画、山水画、花鸟画。

1. 人物画

以描绘人物形象为主体称人物画。中国绘画领域里，人物画的历史最悠久，出现较山水画、花鸟画等为早。人物画是中国画的一个大画科，大体分为道释画、仕女画、肖像画、风俗画、历史故事画等。如历代帝王像为肖像画，五代顾闳中《韩熙载夜宴图》为人物故事画，北宋张择端的《清明上河图》则为风俗画。人物画力求把人物个性刻画得逼真传神，气韵生动、形神兼备。故中国画论又称人物画为"传神"。

2. 山水画

山水画是以描写山川自然景色为主题的绘画。山水画在中国绘画史上占有特殊的地位，但它是出现较迟的画科。这是因为人类对自然美的认识，首先发现的是动物、植物，然后是人类自己，最后才是自然风景。山水画以其取景不同，可分为全景山水、边角山水、园林小品等。如巨然的《秋山问道图》为全景山水，马远的《雪滩双鹭图》为边角山水，金农的《风来四面卧当中》则为园林小品。

3. 花鸟画

花鸟画以花卉、竹石、禽鸟等为描绘对象。花鸟画的兴起要早于山水画，在河姆渡遗址中，就有双凤朝阳的刻骨；在仰韶文化的彩陶图案装饰上，以植物和动物（如鱼、鸟、鹿等）为主题是很普遍的；进入阶级社会后，花鸟画被当作工艺美术的一部分，常在各种屏风、器物或装饰品上出现。花鸟画主要有工笔设色和水墨写意两大体系。因绘画题材不断发展，画家专业化程度提高，历史上对中国画又做过较细分类，而且各个时期各不相同，如宋《宣和画谱》分为道释、人物、番族、宫室、山水、龙鱼、兽禽、花鸟、墨竹、蔬果等。近代，还派生出清供、春宫等门类。清供专画文人案头文房四宝、蔬果、插花之类。春宫则专画男女性事，作为性教育工具。

（二）、中国画的特点

中国画是矗立于世界艺术之林的参天巨树，具有独特的民族特色与风貌，无论是表现方法、表现形式和使用工具，都与西方绘画迥然不同。概括而言，中国画是一种具有中华民族风格和中国气派的绘画。

1. 以线造型，以形写神

中国画讲究"书画同源"，采用把书法艺术引进绘画，以线条为造型的主要手段。十分讲究用笔，使中国画上的线条具有独立的审美价值。可以说，中国画的线条是万能的，它既造型，又表意，还具有独立的形式美。而西洋画线条一般只表示轮廓的作用。使中国画家取得表现上极大的主动性，摆脱了对物象光暗、色彩的繁琐描绘，而着力于艺术形象的概括提炼，形成中国画非常简练的特殊风格。就画家对线条的运用而言，不同形式的线条正表现出他们不同的艺术风格。有的线条奔放苍劲，有的线条凝练朴质，有的线条雄犷激越，有的线条浑厚华丽。从而创造出文质俱备的形式美，给人以极高的艺术享受。可见以线造型也是中国画表现方法上的重要特点。

追求神似。在绘画艺术发展的早期，画家描绘客观物象的着眼点是画得像不像，即所谓"形似"。到了东晋，顾恺之提出"以形写神"，把"传神写照"作为画的最高境界。从此追求神似成为中国画家在表现方法上的准则。人物画家要刻画出人物的精神气质，山水画家要描绘山川的神采气韵，花鸟画家要写出花木禽兽的勃郁生机。为了神满气足，画家甚至采取"以貌取神"的表现手段。宋代陈去非论画诗曰："意足不求颜色似，前身相马九方皋。"即是说中国画家在表现方法上向《列子》中所说的那位相马专家九方皋一样。九方皋相马只注意马的神骏，而忽视其为玄黄、牝牡，中国画家作画也追求神似，往往不计其数。据说苏东坡用朱砂画了一幅竹子，有人责难他说："竹子哪有红色的呢？"东坡回答说："难道竹子又有墨色的吗？"苏东坡甚至提出"论画以形似，见于儿童邻"。吴昌硕画牡丹，花用红色，叶用墨色，红与黑相得益彰，鲜艳与烂漫中别具庄重典雅的气度，正体现了"国色天香"的精神实质。

2.注重意境，抒情达意

中国画家认为，一件优秀的作品必须是画家从对客观事物的观察认识、体验感受中，产生了某种思想感情，通过特殊的艺术构思和形象塑造，把这种思想感情充分表现出来，于是画面上才产生一种动人的境界，这就是意境。

画家在创作时，常带有强烈的主观感情色彩和采用象征的手法，去描绘对象，其目的是表现他对客观事物的认识与感情。写景是为了抒情，从而达到寓情于景、情景交融的艺术境界。现代花鸟画家李苦禅画的《鱼图》，一鲈一鲇，题款为《连年有余图》，取"鱼"和"余"的谐音，以表示吉祥的祝愿。其他如画牡丹与白头翁，称为"富贵白头"，画松、石以喻长寿，都是中国画的常用手法。现代画家潘累兹画的《四季山图》，在具有装饰风格的山水画中，出现不同的少女形象，如梦如幻，迷离俏皮，表现出"春山如笑，夏山如滴，秋山如妆，冬山如睡"的迷人意境，这更是象征手法的巧妙运用。故用象征手法抒情寓意是中国画的传统。

3. 突破时空，讲究程式

中国画家在创作一幅作品时，常常在时序上，跨越了春与冬，打破了时间界限，使江南春色与北国隆冬，在空间上纵横千里也同时在画面上出现。这种表现方法是中国画家的大胆独创。中国画史上有不少记载：宋代王希孟的《千里江山图》、夏圭的《长江万里图》都是笔墨千里的巨构，而明代徐渭的《百花图卷》，则汇四季花卉于一幅之中。这种突破时间、空间限制的表现方法，使画家获得了极大的创作自由，他们不是再现自然的奴隶，而是驾驭造化的主宰，表现了中国画家非凡的胆识。这种表现方法是符合我们民族欣赏习惯的。当我们观赏时，丝毫也不觉得它在视野上、视觉上有任何不合理的存在。相反，只觉得不这样处理，不足以表现我们民族的豪迈气魄，不足以表现新时代的伟大精神。把形式和内容和谐地统一在一起，正是中国画艺术上的成功之处。

程式化是我国艺术特有的民族形式。中国画家在描绘客观物象时多采用程式化的方法。所谓程式化，是画家根据客观物象的特征，进行概括、提炼、夸张，使之成为具有规范性的形象。如画人物衣纹有"十八描"，画山石有各种皴法，画树叶有种种点叶法等等。程式化使画家较易掌握自然形态的特征，根据个人感受去组织变化，而着力于神似的追求。当然，程式化的发展曾产生过一些消极因素，有的画家依赖于固定程式，不愿深入生活，失去艺术的创造力。但这不是程式化的过错。正如京剧表演艺术一样，演员的一举一动都有固定的程式，但一个优秀的表演艺术家仍能借此传神入化把剧中人物的性格表现得淋漓尽致。程式是在不断发展、丰富的。优秀的中国画家，能创造性地运用程式或突破程式的约束，以表现自己的独特个性，"我用我法"，使艺术永葆青春。

4. 诗书画印，综合体现

中国画的综合性，表现在画完一幅画以后，还要在画面上题款、盖章，这件作品才算完成。题款，包括诗文和书法两种艺术。诗、书、画、印，都是独立的艺术品种，把它们在画面上综合起来，发挥各自的艺术功能，又相互配合，成为一件完整的艺术品，这是中国民族绘画形式的重要特点。诗、书、画、印结合，是在中国画的发展过程中形成的。最初题款只是作为画的注脚。如汉宣帝令人在麒麟阁画《十一功臣像》，每个画像上面都注上姓名和官爵。五代黄筌画《珍禽图》，画面左下角题有"付子居室"一行字，说明是给他的儿子黄居室习画用的。魏晋时代的题款大多是绘画内容的概括，好像写文章必须有标题一样，如吴曹不兴有《南海监牧图》、顾恺之有《洛神赋图》、顾景秀有《蝉雀图》等。到了唐宋，画家便开始追求画中要有诗的意境，画题也要具有诗意。在具体作品中讲求诗、书、画、印的有机结合，并且通过在画面上题写诗文跋语，表达画家对社会、人生及艺术的认识，既起到了深化主题的作用，又是画面的有机组成部分。

第三节 中国传统音乐与舞蹈

一、传统音乐

（一）传统音乐的起源

中国传统音乐是在以黄河流域为中心的中原音乐和西域音乐以及外国音乐的交流融合之中形成发展起来的。因此，可以说中原音乐、四域音乐、外国音乐是中国传统音乐的三大来源。

中原音乐指的是以黄河流域为中心发展起来的音乐。在漫长的历史发展过程中，形成了以汉族为主体的黄河流域音乐文化。其中，殷商和西周时期的音乐文化具有代表意义。除六代乐舞及其他多种乐舞的发展和整理，礼乐制度的阶级化和等级化，大司乐机构的设置，三分损益律的运用等，对中原音乐有重要影响之外，尤其"八音"乐器分类中"琴"（七弦琴）及其音乐的出现，奠定了中国传统乐器与器乐的基本模式。

四域音乐指的是除中原华夏族为主所创造的黄河流域音乐文化以外的中华大地各民族的音乐文化。其中，长江流域、珠江流域等地区与黄河流域同为中华民族的文化发源地。长江中游的楚文化中的音乐文化色彩缤纷，独树一帜，同中原音乐并为上古中国传统音乐的表率，相互辉映，相互竞争、交融，进而衍生、发展。珠江流域的粤文化，西南各少数民族的音乐文化，西北地区的丝绸之路音乐文化以及东北各少数民族的音乐文化，都为中国传统音乐的形成、发展做出了重要贡献。其中，在乐器方面，作为汉族音乐文化与少数民族音乐文化交融的代表实例，可以举出由奚琴到胡琴类各种管弦乐器的形式。

中国音乐与国际音乐的交流由来已久。据《穆天子传》记载，相传西周初，周穆王曾经带着规模颇大的乐队到西方各国进行音乐交流。此后，在汉代，伴随着佛教的传入，印度教音乐和天竺乐也传入中国；隋唐时期，大量外国音乐的输入，不仅带来外国乐曲，而且引进乐器、乐律、音阶。作为外国乐器传入中国，后又被改造为中国传统乐器的琵琶颇具代表意义。

（二）传统音乐的发展

公元前21世纪至公元3世纪是中国传统音乐的形成期，这时期包括从夏、商、西周到春秋、战国、秦汉。在音乐题材方面，经历了由原始乐舞到宫廷乐舞的进化。在旋律音调、音阶形式方面，经历了由原始音乐重视小三度音程的音调，到春秋战国强调宫、商、徵、羽的上下方大三度的"曾"体系，以"三分损益法"相生五音、七声、十二律，初步确立了中国传统音乐旋法的五声性特点。在音乐美学思想方面，先秦诸子百家的争论，奠定了此后各自学说的理论端点。这一时期中，最具代表性意义的音乐艺术形式是钟鼓乐队。

公元4世纪至10世纪是中国传统音乐的新声期，这一时期包括了从魏、晋、南北朝到隋、唐，魏、晋、南北朝时期的政治动荡和北方人民南迁、少数民族的内移，构成对中国传统音乐的冲击：一是玄学对儒学的冲击，引起音乐思想的变化；二是少数民族音乐和外国音乐的传入以及引进乐器、乐律、乐曲和音乐理论方面的新因素。其冲击的结果是中国的传统音乐为之一变，开创了音乐国际化的一代新乐风。一方面是世界音乐的中国化，包括外来乐曲的中国化，外来乐器的运用，外来乐调的传入，外来乐队的民族化以及外来乐人为发展中国音乐所做出的贡献。另一方面是中国音乐的世界化，即中国音乐以其辉煌的成就带给世界许多国家（如朝鲜、日本等）以重要的影响。

公元10世纪至19世纪是中国传统音乐整理期，该时期包括辽、宋、金、明、清。该时期政治上从纷乱和分裂到相对的统一，又从南北对立到多民族国家统一政权的建立及其在相当长时期内的相对稳定；音乐文化方面则具有世俗性和社会性的特点。所谓世俗性，就是与普通的平民阶层保持着密切的关联。此时期的传统音乐，无论在演出人员还是在观众、听众对象方面都已具有更为广泛的社会基础。在音乐理论方面，表现出对前一时期的继承和清理的倾向，音乐形态特点已逐渐趋于凝固定型化，其代表性音乐艺术形式是戏曲艺术及音乐。这一艺术形式上承前代下接后世，并广泛吸收当代音乐新成果，成为集古今音乐大成的音乐宝库。

二、传统舞蹈

（一）传统舞蹈的产生

从产生来看，舞蹈是适应巫术和原始宗教仪式的需要产生的。这可以从舞蹈之"舞"的原始意义中得到理解。早期甲骨文中，"舞"与"巫"的形状十分相似。在早期社会"舞""巫"所指是同一事项，即女巫师的巫术仪式以及巫师祈祷神灵时的姿态。后来，用"舞"指称巫师的姿态，"巫"指称巫师这一类人员，其意义才渐渐分离。可见，这种姿态就是"舞蹈"的原始形态。尽管"舞"姿态从"巫"中分离，但早期舞蹈事实上还是直接服务于巫术活动的，这可以从"舞"与"雩"二字的关系中看出一些痕迹。甲骨文中有"辛巳卜宾乎舞有雨"的记载。这其实是一次祭祀求雨活动的记录，其中有舞蹈的仪式行为。《说文解字》释"雩"曰："雩，夏祭乐于赤帝以祈甘雨也。从雨，于声。雩，羽舞也。"所以，舞的第一个义项就是通"雩"，指求雨巫术仪式中的"羽舞"。《周礼·春官·乐师》曰："凡舞有拨舞、有羽舞、有皇舞、有旄舞、有干舞、有人舞。"即所谓周代的六小舞。这些舞蹈都是周代祭祀活动中的仪式舞蹈。《周官·舞师》载："掌教兵舞，帅而舞山川之祭祀；教拨舞，帅而舞社稷之祭祀；教羽舞，帅而舞四方之祭祀；教皇舞，帅而舞旱嘆之事。"羽舞、皇舞皆为祭祀求雨的仪式舞蹈。后来的《庸舞》《奏舞》《龙舞》等皆是旱祭求雨的巫术仪式舞蹈，其中《龙舞》至今不衰。

考古发现的中国早期乐舞图中，许多具有浓郁的宗教色彩和巫术性质，是先民巫术性仪式活动的记录。例如，青海大通县出土的彩陶盆舞蹈纹、内蒙古狼山原始岩画、甘肃嘉峪关黑山原始岩画、广西花山崖原始壁画中的舞蹈场景，经专家研究皆具有很强的巫术性质和仪式特征。

中国早期舞蹈有如此明显的仪式特征，其实与舞蹈在当时的社会背景有关系。早期舞蹈产生于先民巫术图腾活动，是巫术仪式活动的一部分，是巫术图腾文化的产物，它必然具有巫术的文化属性。对早期舞蹈而言，其直接作用就是实现沟通人神、祈福免灾、五谷丰登等巫术性目的。在这种意义上，可以说功用性、仪式性是早期舞蹈的第一属性，舞蹈的娱乐性是从巫术活动的娱神目的衍生的，从娱神到娱人再到自娱，是舞蹈发展的几个重要阶段。尽管后来的舞蹈也许并不用于祭祀，但是中国舞蹈自产生时就存在的仪式性传统却被积淀下来了，已经渗透到舞蹈的动作、结构和独特的抒情方式等内容之中。

（二）传统舞蹈的形式

从表演场合来看，中国传统舞蹈多使用于各种仪式性场合，大到国家的祭祀、朝会、出战、庆功、王室更替，小到百姓婚丧嫁娶、往来聘问、播种收割等，均有若干仪式内容。归纳起来，传统舞蹈大概可以分为社会性仪式、宗教性仪式、生产性仪式、人生成长性仪式等类。中国古代根据舞蹈的使用场合和社会功能将宫廷舞蹈分为雅舞、杂舞两类。雅舞在后来的历代王朝宫廷中皆是最重要的舞蹈，虽然各代帝王皆制作自己的舞蹈，名称也各不相同，以示不相袭用，但是仅限制于改歌词而舞曲依旧不变，其祭祀的仪式性功能也没有改变。正所谓"自周以来唯改其辞，未有变其舞者也"。这部分舞蹈用于国家的祭祀场合，显然具有非常强烈的仪式性特征。

杂舞的仪式性特征从《乐府诗集》中可以看到，书中很详细地记载了自西周以来到隋唐时期民间舞曲流入宫廷以及在宫廷宴会等重要集会场合表演的历史事实。由此可见，在中国古代传统舞蹈中，尽管有些舞蹈从其产生来看，并未直接服务于巫术和国家祭祀活动，但是往往被统治者用在其他仪式活动中表演，作为仪式活动的重要部分，因此也具有了很强的仪式特征。

传统舞蹈从其表演形式上来看，大多在重大的节日活动中进行，如春节、三月三、火把节、泼水节、播种节等，构成了这些舞蹈强烈的仪式性特征。例如，土家族每年农历正月要祭祀始祖"八部大王"跳摆手舞、毛古斯舞，藏族每年藏历除夕的"跳神节"要跳《羌姆》，青海黄南同仁地区藏族每年的"六月会"祭祀山神、二郎神，跳《龙鼓舞》等，这些舞蹈均具有极强的仪式性特征。这种仪式性特征一方面是这些舞蹈本身就具有的，其产生之时就是为仪式而服务的；另一方面，在这些重要的仪式性场合表演的舞蹈，也许本身的仪式性内容并不强，有些就是娱乐性舞蹈，但是，一旦进入某种仪式性场合表演，它便具有了很强的仪式性。因此，可以说中国传统舞蹈表演的仪式场合也是其形成仪式性特征的重要方面。

第四节　中国戏曲艺术

中国戏曲主要是由民间歌舞、说唱和滑稽戏三种不同艺术形式综合而成。它起源于原始歌舞，是一种历史悠久的综合舞台艺术形式。经过汉、唐到宋、金才形成比较完整的戏曲艺术，它由文学、音乐、舞蹈、美术、武术、杂技以及表演艺术综合而成，有360多个种类。它的特点是将众多艺术形式以一种标准聚合在一起，在共同具有的性质中体现其各自的个性。中国的戏曲与希腊悲剧和喜剧、印度梵剧并称为世界三大古老的戏剧文化，经过长期的发展演变，逐步形成了以"京剧、越剧、黄梅戏、评剧、豫剧"五大戏曲剧种为核心的中华戏曲百花园。中国戏曲剧种种类繁多，据不完全统计，中国各民族地区地戏曲剧种有360多种，传统剧目数以万计。其他比较著名的戏曲种类有昆曲、坠子戏、粤剧、淮剧、川剧、秦腔、沪剧、晋剧、汉剧、河北梆子、河南越调、河南坠子、湘剧、湖南花鼓戏等。

历史上最先使用戏曲这个名词的是宋刘埙（1240—1319），他在《词人吴用章传》中提出"永嘉戏曲"，他所说的"永嘉戏曲"，就是后人所说的"南戏戏文""永嘉杂剧"。从近代王国维开始，才把"戏曲"作为中国传统戏剧文化的通称。戏曲是中国传统艺术之一，剧种繁多有趣，表演形式各不相同，有说有唱、有文有武，集"唱、做、念、打"于一体，在世界戏剧史上独树一帜，其主要特点，以集古典戏曲艺术大成的京剧为例，一是男扮女（越剧中则常见为女扮男）；二是划分生、旦、净、丑四大行当；三是有夸张性的化装艺术——脸谱；四是"行头"（戏曲服装和道具）有基本固定的式样和规格；五是利用"程式"进行表演。

中国民族戏曲，从先秦的"俳优"、汉代的"百戏"、唐代的"参军戏"、宋代的杂剧、南宋的南戏、元代的杂剧，直到清代地方戏曲空前繁荣和京剧的形成。

一、中国戏曲的发展历程

（一）先秦（萌芽期）

在原始社会，氏族聚居的村落产生原始歌舞，并随着氏族的逐渐壮大，歌舞也逐渐发展与提高。如在许多古老的农村，还保持着源远流长的歌舞传统，如"傩戏"；同时，一些新的歌舞如"社火""秧歌"等适应人民的精神需求而逐渐诞生。正是这些歌舞演出，造就一批又一批技艺娴熟的民间艺人，并向着戏曲的方向一点点迈进。《诗经》里的"颂"、《楚辞》里的"九歌"，就是祭神时歌舞的唱词。从春秋战国到汉代，在娱神的歌舞中逐渐演变出娱人的歌舞。从汉魏到中唐，又先后出现了以竞技为主的"角抵"（百戏）、以问答方式表演的"参军戏"和扮演生活小故事的歌舞"踏摇娘"等，这些都是萌芽状态的戏剧。

（二）唐代中后期（形成期）

中唐以后，中国戏剧飞跃发展，戏剧艺术逐渐形成。唐代文学艺术的繁荣是经济高度发展的结果，促进了戏曲艺术的自立自强，并给戏曲艺术以丰富的营养，诗歌的声律和叙事诗的成熟给了戏曲决定性影响。音乐舞蹈的昌盛为戏曲提供了最雄厚的表演、唱腔的基础。教坊梨园的专业性研究、正规化训练，提高了艺人们戏曲的艺术水平，使歌舞戏剧化历程加快，产生了一批用歌舞演故事的戏曲剧目。

（三）宋金（发展期）

宋代的"杂剧"、金代的"院本"和讲唱形式的"诸宫调"，从乐曲、结构到内容，都为元代杂剧打下了坚实的基础。

（四）元代（成熟期）

到了元代，"杂剧"就在原有基础上发展，成为一种新型的戏剧。它具备了戏剧的基本特点，标志着中国戏剧进入成熟的阶段。12世纪中期到13世纪初，逐渐产生了职业艺术和商业性的演出团体及反映市民生活和观点的元杂剧和金院本，如关汉卿创作的《窦娥冤》、马致远的《汉宫秋》以及《赵氏孤儿大报仇》等作品。这个时期是戏曲舞台的繁荣时期。

元杂剧不仅是一种成熟的高级戏剧形态，还因其最富于时代特色，最具有艺术独创性，而被视为一代文学的主流。元杂剧最初以大都（今北京）为中心，流行于北方。元灭南宋后，发展成为全国性的剧种。元代的剧坛，群星璀璨、名作如云。

元杂剧得以呈一时之盛，艺术发展和社会现实从两个方面提供了契机。从艺术的自身发展来看，戏剧经过漫长的孕育和迟缓的流程，已经有了厚实的积累，在内部结构和外在表现上都达到了成熟。恰恰此时的传统诗文在经历了唐宋鼎盛与辉煌之后，走向衰微。在有才华的艺术家眼里，剧坛艺苑是一块等待他们去耕耘的新土地。从社会现实方面来看，元蒙统治者废除科举制度，不仅断绝了知识分子跻身仕途的可能，而且把他们贬到低下的地位：只比乞丐高一等，居于普通百姓及娼妓之下。这些修养颇高的文化人被称为社会底层。在疏远经史，冷淡诗文的无可奈何之中，他们只有到勾栏瓦舍去打发光阴、去寻求生路。于是，新兴的元杂剧意外地获得一批又一批的专业创作者。他们有一个以"书会"为名的行业性组织，加入书会的剧作家，称为"书会先生"。这些落魄文人在团体内又合作又竞争，共同创造着中国戏剧的黄金时代。与从前的偏于抒发主观心绪意趣的诗词不同，元杂剧以广泛反映社会为己任。显然，这是由于作家们长期生活于闾巷村坊，对现实有着深切了解和感受的缘故。

元杂剧的剧本体制，绝大多数是由"四折一楔"构成。四折是四个情节的段落，像做文章讲究起承传合一样。楔子的篇幅短小，通常放在第一折之前，这有点类似于后来的"序幕"。元杂剧在艺术上是以歌唱为主、结合说白的表演形式。每一折由同一曲调的若干支曲子联成一个套曲。全套只押一个韵，由扮演男主角的正旦或扮演女主角的正旦演唱。这种"一人主唱"可以极大地发挥歌唱艺术的特长，酣畅淋漓地塑造主要人物形象。念白部分受参军戏传统的影响，常常插科打诨，富于幽默趣味。将音乐结构与戏剧结构统一起来，达到体制上的规整，这表明元杂剧艺术的成熟和完善。

（五）明清（繁荣期）

戏曲到了明代，传奇发展起来了。明代传奇的前身是宋元时代的南戏（南戏是南曲戏文的简称，它是在宋代杂剧的基础上，与南方地区曲调结合发展起来的一种新兴的戏剧形式。温州是它的发祥地）。南戏在体制上与北杂剧不同：它不受四季的限制，经过文人的加工和提高，这种本来不够严整的短小戏曲，终于变成相当完整的长篇剧作。例如高明的《琵琶记》就是一部由南戏向传奇过渡的作品。这部作品的题材来源于民间传说，比较完整地表现了一个故事，并且有一定的戏剧性，曾被誉为"南戏中兴之祖"。

明代中叶，传奇作家和剧本大量涌现，其中成就最大的是汤显祖。他一生写了许多传奇剧本，《牡丹亭》是他的代表作。这一点，在当时封建礼教牢固统治的社会里，具有深远的社会意义的。这个剧作问世300年来，一直受到读者和观众的喜爱，直到今天，"闺塾""惊梦"等片段还活跃在戏曲表演的舞台上。16世纪明朝中叶，江南兴起了昆腔，涌出了《十五贯》《占花魁》等戏曲剧目。这一时期受农民欢迎的戏是产生于安徽、江西的弋阳腔，昆腔很受封建上层人士的欢迎。

明后期的舞台，开始流行以演折子戏为主的风尚。所谓折子戏，是指从有头有尾的全本传奇剧目中摘选出来的出目。它只是全剧中相对独立的一些片段，但是在这些片段里，场面精彩，唱做俱佳。折子戏的脱颖而出，是戏剧表演艺术强劲发展的结果，又是时间与舞台淘洗的必然性。观众在熟悉剧情之后，便可尽情地欣赏折子戏的表演技艺了。《牡丹亭》中的"游园""惊梦"，《拜月亭记》中的"踏伞""拜月"，《玉簪记》中的"琴挑""追舟"等众多的折子戏，已成为观众爱看、耐看的精品。

明末清初的作品多是写人民群众心中的英雄，如穆桂英、陶三春、赵匡胤等。这时的地方戏主要有北方梆子和南方的皮黄。京剧是在清代地方戏高度繁荣的基础上产生的。在同治、光绪年间，出现了名列"同光十三绝"的第一代京剧表演艺术家及不同流派的宗师，标志着京剧艺术的成熟与兴盛。不久京剧向全国发展，特别是在上海、天津，京剧成为具有广泛影响的剧种，将中国的戏曲艺术推进到一个新的高度。

（六）近代（革新期）

辛亥革命前后，一批有造诣的戏曲艺术家从事戏曲艺术改良活动，著名的有汪笑侬、潘月樵、夏月珊等，他们为以后的戏曲改良积累了宝贵的经验。从1919年"五四运动"到中华人民共和国成立，在这段时期，一些有志之士对戏曲进行了改革。梅兰芳在"五四"前夕演出了《邓粗姑》《一缕麻》等宣传民主思想的时装新戏，周信芳、程砚秋等也创作了不少的作品。袁雪芬则高举越剧改革之大旗，主演鲁迅名著《祥林嫂》，在中国戏曲中率先形成了融合编、导、舞、音、美为一体的综合艺术机制，率先开始了中国戏曲艺术大写意与大写实相结合的机制。

（七）现代（争辉期）

新中国成立后，涌现了一批优秀剧目，如京剧《将相和》《白蛇传》、评剧《秦香莲》、越剧《梁山伯与祝英台》、昆剧《十五贯》等，著名历史学家吴晗还撰写了历史京剧《海瑞罢官》。以后，又陆续推出一系列优秀作品，如京剧《白毛女》《红灯记》《奇袭白虎团》、越剧《西厢记》、评剧《刘巧儿》、沪剧《芦荡火种》，豫剧《朝阳沟》等。粉碎"四人帮"后，充实了戏曲艺术队伍，为群众喜爱但被停演或遭到批判的大量传统剧，如京剧《谢瑶环》、莆仙剧《春草闯堂》、吕剧《姊妹易嫁》等也得以重新上演。戏曲艺术发展到今天，经过不同的时代，不断适应新时代、新观众的需要，保持和发扬民族传统的艺术特色，戏曲界提出的"现代化"与"戏曲化"的问题，已成为新的历史时期积极探讨和积极实践的问题。

二、中国戏曲的艺术特色

（一）戏曲的特点

综合性、虚拟性、程式性，是中国戏曲的主要艺术特征。这些特征凝聚着中国传统文化的美学思想精髓，构成了独特的戏剧观，使中国戏曲在世界戏曲文化的大舞台上闪耀着它的独特的艺术光辉。

1. 综合性

中国戏曲是一种高度综合的民族艺术。这种综合性不仅表现在它融汇各个艺术门类（诸如舞蹈、杂技等）而出以新的方面，还体现在它精湛涵厚的表演艺术上。各种不同的艺术因素与表演艺术紧密结合，通过演员的表演实现戏曲的全部功能。其中，唱、念、做、打在演员身上的有机构成，便是戏曲的综合性的最集中、最突出的体现。唱，指唱腔技法，讲究"字正腔圆"；念，即念白，是朗诵技法，要求严格，所谓"千斤话白四两唱"；做，指做功，是身段和表情技法；打，指表演中的武打动作，是在中国传统武术基础上形成的舞蹈化武术技巧组合。这四种表演技法有时相互衔接，有时相互交叉，构成方式视剧情需要而定，但都统一为综合整体，体现出和谐之美，充满着音乐精神（节奏感）。中国戏曲是以唱、念、做、打的综合表演为中心的富有形式美的戏剧形式。

2. 程式性

程式是戏曲反映生活的表现形式。它是指对生活动作的规范化、舞蹈化表演并被重复使用。它是直接或间接来源于生活，但它又是按照一定的规范对生活经过提炼、概括、美化而形成的。其中凝聚着古往今来艺术家们的心血，它又成为新一代演员进行艺术再创造的起点，因而戏曲表演艺术才得以代代相传。戏曲表演中的关门、推窗、上马、登舟、上楼，等等，皆有固定的格式。除了表演程式外，戏曲从剧本形式、角色当行、音乐唱腔、化妆服装等各个方面，都有一定的程式。优秀的艺术家能够突破程式的某些局限，创造出自己具有个性化的艺术规范。程式是一种美的典范。

中国戏曲是以唱、念、做、打的综合表演为中心的戏剧形式，它有丰富的艺术表现手段，它与表演艺术紧密结合的综合性，使中国戏曲富有特殊的魅力。它把曲词、音乐、美术、表演的美融铸为一，用节奏统驭在一个戏里，达到和谐的统一，充分调动了各种艺术手段的感染力，形成中国独有的节奏鲜明的表演艺术。

中国戏曲中最重要的一个特征是虚拟性。舞台艺术不是单纯模仿生活，而是对生活原形进行选择、提炼、夸张和美化，把观众直接带入艺术的殿堂。

中国戏曲另一个艺术特征是它的程式性，如关门、上马、坐船等，都有一套固定的程式。程式在戏曲中既有规范性又有灵活性，所以戏曲艺术被恰当地称为有规则的自由动作。

3. 虚拟性

虚拟是戏曲反映生活的基本手法。它是指以演员的表演，用一种变形的方式来比拟现实环境或对象，借以表现生活。中国戏曲的虚拟性首先表现为对舞台时间和空间处理的灵活性方面，所谓"三五步行遍天下，六七人百万雄兵""顷刻间千秋事业，方丈地万里江山""眨眼间数年光阴，寸炷香千秋万代"，这就突破了西方歌剧的"三一律"与"第四堵墙"的局限。其次是在具体的舞台气氛调度和演员对某些生活动作的模拟方面，诸如刮风下雨、船行马步、穿针引线等，更集中、更鲜明地体现出戏曲虚拟性的特色。戏曲脸谱也是一种虚拟方式。中国戏曲的虚拟性，既是戏曲舞台简陋、舞美技术落后的局限性带来的结果，也是追求神似、以形写神的民族传统美学思想积淀的产物。这是一种美的创造。它极大地解放了作家、舞台艺术家的创造力和观众的艺术想象力，从而使戏曲的审美价值获得了极大的提高。

（二）戏曲艺术品貌

1. 以歌舞演故事

一般来说，古代各个民族在前艺术阶段（原始宗教阶段），各种艺术因素的萌芽是综合在一起的。到艺术阶段，欧洲的艺术种类逐渐趋于分化。譬如在古希腊时代的欧洲戏剧是有歌有舞的，后来经过索福克勒斯、欧里庇得斯等人的改革，歌（舞）剧渐渐失去作用，成为以对话、动作为手段的单纯戏剧。这种戏剧与诗的对话，演变为完全模仿生活语言的对话，由诗剧转化为话剧。而歌、舞分化出去，以歌剧、舞剧的形式在整个戏剧领域各占一席之地。

中国戏曲的情况就不同了，它始终趋于综合，趋于歌、舞、剧三者的综合。从秦（前221—前206）汉（前206—220）俳优作为中国戏曲早期渊源起，中间经历汉代百戏、唐代（618—907）参军戏，直至宋代（960—1279）南戏、元代（1279—1368）杂剧，这是一门艺术由简单到复杂、由低级向高级的发展过程。在这个过程中，为了能把五光十色的人间生活都铺展于小小的舞台上，也为了使平素过着单调枯燥日子的百姓能在观剧时感受到种种意想不到的精神刺激，它不断地吸收其他姊妹艺术，如诗歌、音乐、舞蹈、绘图、说唱、杂技、武术等诸多营养，逐渐成为一种包容广泛、花样繁多得令人目不暇接的综合性艺术。换句话说，中国戏曲是在文学（民间说唱）、音乐、舞蹈各种艺术成分都充分发展且又相互兼容的基础上，才形成了以对话、动作为表现特征的戏剧样式。

2. 远离生活之法

中国戏曲的对话是音乐性的、动作是舞蹈性的，而歌和舞的本身就决定了它的外在形式要远离生活使之具有节奏、韵律、整洁、和谐之美。中国戏曲艺术比一般的歌舞还要远离、变异生活。表演者的化妆服饰，动作语言颇有"矫情镇物，装腔作势"之感，而这样做是为了把普通的语言、日常的动作、平淡的感情强化、美化、艺术化。为此，中国的戏剧艺术家长期揣摩说白、咏歌、舞蹈（身段）、武打的表现技巧和功能，呕心沥血，乐此不疲。久而久之，他们创造、总结、积累了一系列具有夸饰性、表现性、规范性和固定性的程序动作。任何一个演员走上中国戏曲舞台，他要表演"笑"的话，就必须按照极具夸张、表现性和被规范固定了的"笑"的程序动作去做"笑"的表演。即使在今天，也仍如此。远离生活形态的戏曲，依旧是以生活为艺术源泉的。由于中国戏剧家对生活既勤于观察，又精于提炼，因此能精确又微妙地刻画出人物的外形和神韵，做到神形兼备。

脸谱、蟒袍、帽子、翎子、水袖、长胡子、厚底靴、兰花手以及奇奇怪怪的兵器、道具，也无不是凝固为程式的东西。它们都以动人的装饰美、色彩美、造型美、韵律美，有效地增强了演出的艺术吸引力，赢得中国观众的认可与喜爱。

中国戏曲艺术连一颦一笑都要远离自然形态之原因可能是很多的。但这门艺术的大众娱乐性、商业性和戏班（剧团）物质经济条件的薄弱，显然是一个重要的促进因素。在古代中国，戏曲演出常在广场、寺庙、草台或院坝，而在乡镇农

137

村，又多是剧场与市场的合一。成千上万的观众聚拢，如潮的人声夹着摊肆的嘈杂。处在这样的条件与环境下，艺人们为了不让戏剧淹没在喧嚣之中，不得不苦心孤诣地寻求突出自己存在和影响的有效手段。正是这个顽强地表现自我、扩张自我的出发点，使他们摸索以远离生活之法来表现生活的艺术规则：高亢悠扬的唱腔配以敲击有力的锣鼓，镶金绣银的戏衣衬着涂红抹绿的脸谱，火爆激烈的武打，如浪花翻滚的长髯……这一法则的实践结果，已不只是造成赏心悦目、勾魂摄魄的审美效应。更为重要的是，舞蹈表演的程式规范化，音乐节奏的板式韵律化，舞台美术、人物化妆造型的图案装饰化，连同剧本文学的诗词格律化，共同构成了中国戏曲和谐严谨、气韵生动、富于高度美感的文化品格。

3. 超脱的时空形态

既然承认戏就是戏，那么中国戏曲舞台上讲究的就是真真假假、虚虚实实的"逢场作戏"，十分鲜明地表达戏剧的假定性。而这与西方戏剧一贯采用的幻觉性舞台艺术处理原则非但不同，且完全相反。在西方，人们走进剧场，自大幕拉开的那一刻，戏剧家就要千方百计地运用一切可能的舞台手段，去制造现实生活的幻觉，让观众忘记自己在看戏，而是像身临其境般沉浸在舞台上创造出来的生活环境与气氛之中。为此，西方的戏剧家将舞台当作相对固定的空间。绘画性和造型性的布景，创造出戏剧需要的规定情景。人物间的一切纠葛都放到这个特定场景中来表现、发展和解决。在同一场景里，情节的演出时间和观众感到的实际演出时间亦大体一致。这就是西方戏剧舞台的时空观，其理论依据是亚里士多德说，它的支撑点是要求艺术真实地反映生活。

在中国，戏剧家不依靠舞台技术创造现实生活的幻觉，不问舞台空间的使用是否合乎生活的尺度，也不要求情节时间和演出时间的大体一致。中国戏曲舞台是一个基本不用布景装置的舞台。舞台环境的确立是以人物的活动为主。即有人物的活动，才有一定的环境；没有人物的活动，舞台不过是一个抽象的空间。中国戏曲舞台上的时间形态，也不是相对固定的。它极超脱、流动，或者说是很"弹性"的。要长就长，要短就短。长与短，完全由内容的需要来决定。

中国戏曲这种极其超脱灵动的时空形态，是依靠表演艺术创造出舞台上所需的一切。剧本中提示的空间和时间，是随着演员的表演所创造的特定戏剧情景而产生，并取得观众的认可。

中国戏曲的超然时空形态，除了靠虚拟性的表现方法之外，还与连续性的上下场结构形式相关。演员由上场门出，从下场门下，这上下与出入，非同小可，它意味着一个不同于西方戏剧以景分幕的舞台体制。演员的一个上、下场，角色在舞台上的进进出出，实现着戏剧环境的转换并推动着剧情的发展。比如在京剧《杨门女将》里，紧锣密鼓中，扎靠持枪的穆桂英从上场门英气勃发而来，舞台就是校兵场，她这时已是在校场操练兵马，然后再从下场门回到营房。中国戏曲这种上下场形式，结合着演员的唱、念、做、打等技术手段，配以音乐伴奏，有效地表现舞台时间、空间的更替和气氛的变化，使舞台呈现出一幅流动着的画卷。在一场戏里，通过人物的活动，也可以从一个环境迅速而轻松地转入另一个环境。只要人物摇摇马鞭，说句"人行千里路，马过万重山"，中国观众立即就会明白他走了千里路途，从一个地方来到了另一个地方。

（三）虚拟手法（舞台结构之核心）

中国戏剧超然灵活的时空形态是依靠表演艺术创造的，是由于中国戏曲艺术有着一整套虚拟性的表现方法。这是最核心的成因。

一个戏曲演员在没有任何布景、道具的情况下，凭借着他（她）描摹客观景物形象的一系列细致动作，能使观众了解他（她）扮演的这个角色当时所处的周围环境。如淮剧《太阳花》燕坪报警一折里，运用鹞子翻身程式，使观众了解燕坪为报警的心中强烈的紧迫感，以及翻越崇山峻岭的内容，还能使观众了解他（她）

真的在干些什么。再如淮剧《柜中缘》中的玉莲在缕线、挽绊、穿针、引线、刺绣，都能通过微妙的虚拟式，让观众一目了然知道她在想什么做什么。所以，这种表演的虚拟性，不单单是用自己的动作虚拟某种客观物象，而且还要借这种状物绘景，来表现处在这种特定环境中人物的心理情绪。从这个意义上讲，虚拟方法又起着把写景写情融为一体的积极作用。中国戏曲的虚拟性给剧作家和演员以极大的艺术表现自由，拓宽了戏剧表现生活的领域。在有限舞台上演员运用高超的演技，可以把观众带入江流险峰、军营山寨、行舟坐轿、登楼探海等多种多样的生活联想中去，在观众的想象中共同完成艺术创造的任务。这恐怕就是何以在一无所有的舞台上，中国戏曲得以再现辉煌的场景和千姿百态的人生的原因了。

需要说明的是，虚拟手法的确使一个死板的舞台变得来去自由，但这种自由决非不受任何制约，它还是有所制约的。这就是要受艺术必须真实地反映生活这个基本规律的制约。因此，舞台的虚拟性必须和表演的真实感结合起来才行。比如：在"趟马"（一套骑马的虚拟动作）中"马"是虚的，但马鞭是实的。演员扬鞭、打马的动作必须准确且严谨，符合生活的客观逻辑（如《蓝齐格格》中的趟马）。高度发扬戏剧的假定性，与此同时又极其追求摹拟生活形态的真实性，达到虚拟与实感相结合。尤其是出色的演员在表演中往往能将两者结合得天衣无缝、流畅自然，让富于生活经验的观众，一看便懂。

第五章　中国优秀传统文化传承与创新措施分析

第一节　中国优秀传统文化传承与创新的方向指引

  中国优秀传统文化中蕴含着深邃的文化自信，这是我们党坚定中国特色社会主义道路自信、理论自信、制度自信的重要基础。中国优秀传统文化中蕴含着丰富的治国理政智慧，这是我们党领导人民在新的历史征途上优化治国理政的重要法宝。继承和弘扬中国优秀传统文化是中国共产党人一贯秉持的科学态度。弘扬中国优秀传统文化，实现中国梦必须要有坚强的领导核心。中国共产党既是中国优秀传统文化的忠实传承者，又是中国先进文化的积极倡导者和发展者。无论是弘扬中国优秀传统文化，还是实现中华民族伟大复兴的中国梦都是一项艰难的工程，离不开党和政府的顶层设计，需要党的各项方针政策的支持和引导。

一、党和政府是弘扬中国优秀传统文化实现中国梦的领导力量

  作为引领中华民族历经艰难斗争走向伟大复兴的核心政治力量，中国共产党从诞生起，就与中国优秀传统文化有着不可分割的联系。习近平总书记曾深刻指出："中国共产党人是马克思主义者，坚持马克思主义的科学学说，坚持和发展中国特色社会主义，但中国共产党人不是历史虚无主义者，也不是文化虚无主义者。我们从来认为，马克思主义基本原理必须同中国具体实际紧密结合起来，应

该科学对待民族传统文化，科学对待世界各国文化，用人类创造的一切优秀思想文化成果武装自己。在带领中国人民进行革命、建设、改革的长期历史实践中，中国共产党人始终是中国优秀传统文化的忠实继承者和弘扬者。"这一精辟论述，可以说是关于中国共产党与中国优秀传统文化关系问题的科学回答，理清了我们的来路，也指明了我们的去向。在追求中华民族独立解放和伟大复兴的征途上，我们不仅继承并践行、弘扬了中国优秀传统文化的精神，还吸收了世界各国文化的合理成分特别是优秀思想文化成果，创新发展了中国特色社会主义文化。

中国共产党领导中国人民广泛宣传和积极贯彻马克思主义指导思想，力排西方各种错误思潮的干扰，是中国优秀传统文化的拥护者和国家文化安全的捍卫者。随着改革开放的深入发展，我国经济实力逐步提升，人民的生活水平日益提高，但我国毕竟还处于社会主义初级阶段，人口多，底子薄，在发展中难免会出现诸多状况。与此同时，境外势力和各种错误社会思潮涌入中国，各种非马克思主义、反马克思主义思潮力图否定共产党的领导、否定马克思主义、否定社会主义。在这样的状况下，中国共产党审时度势、高瞻远瞩，高举马克思主义指导思想，弘扬中国优秀传统文化精神，完善中国特色社会主义理论，对于维护我们的文化和意识形态安全具有重要的价值。面对新时代新形势，我们必须时刻保持清醒的头脑，不被迷惑，坚定信念，保持定力，在中国共产党的坚强领导下，巩固文化阵地，凝聚复兴力量。

中国共产党是实现中华民族伟大复兴中国梦的领导力量。如何把一个拥有14亿人口规模的发展中大国带入现代化、实现民族复兴的"中国梦"，需要党的坚强领导，需要全国人民紧密地团结在党中央周围，坚定不移地推进改革开放，沿着中国特色社会主义道路奋勇前进。习近平总书记指出："实现中华民族伟大复兴的中国梦，必须把我们党建设好。"近代以来的中国历史表明，只有中国共产党才能带领全国各族人民完成民族独立、人民解放的历史任务，绘制国家富强、人民富裕的历史蓝图，从而最终实现"国家富强、民族振兴、人民幸福"的伟大复兴中国梦。要更好地发挥中国共产党的领导核心作用，必须牢牢把握加强党的执政能力、先进性和纯洁性建设这条主线，必须坚持解放思想、改革创新的时代精神，必须坚持"党要管党，从严治党"的方针，从而不断提升党的创造力、凝聚力和战斗力。

中国共产党肩负着继续做好马克思主义与中国优秀传统文化有机结合、不断推进马克思主义中国化的重任。坚持中国共产党的领导，弘扬中国优秀传统文化，需要正确处理马克思主义与中国优秀传统文化之间的关系。习近平总书记指出，要始终坚持马克思主义指导和中国特色社会主义方向不动摇，强调"我们共产党人是坚定的马克思主义者，我们党的指导思想就是马克思列宁主义、毛泽东思想和中国特色社会主义理论体系"。弘扬中国优秀传统文化，就是"要继承和弘扬我国人民在长期实践中培育和形成的传统美德，坚持马克思主义道德观、坚持社会主义道德观"，这是我们继承历史文化遗产的行动指南。我们要继承的是千百年来所培育形成的人类共同的、古今一致的价值理念，叫古为今用也好，博古通今也罢，绝不是以古代今、厚古薄今，不能搞"完全回到孔子""全面儒化中国"等复古主义。必须以马克思主义为指导，继承与创新发展相结合，赋予传统优秀文化以新的内涵，就是具有时代精神的中国特色的社会主义文化体系。党的十八大报告强调，"对马克思主义的信仰，对社会主义和共产主义的信念，是共产党人的政治灵魂，是共产党人经受住任何考验的精神支柱"，作为先进文化的代表者，共产党人必须以强大的理论自信，在继承中国优秀传统文化的同时，努力推动优秀传统文化与马克思主义的结合，既要实现马克思主义的中国化，也要让中国化的马克思主义指导中华传统文化的发展和创新。

实现中国梦，关键在党，关键在党的凝聚力、创造力和战斗力。在当前决胜全面建成小康社会，实现中华民族伟大复兴的新长征中，我们必须始终坚持党的领导，深入弘扬中国优秀传统文化，谱写中华民族伟大复兴的新篇章。

二、充分发挥党和政府的政策保障优势

坚持党和政府对弘扬中国优秀传统文化的引领，要将弘扬中国优秀传统文化提到一定的战略高度。党和政府作为弘扬中国优秀传统文化的指导力量，要从坚定文化自信、坚持和发展中国特色社会主义、实现中华民族伟大复兴的高度，切实把中国优秀传统文化传承发展工作摆上重要日程，加强宏观指导，发挥党和政府的综合协调作用，整合各类资源，调动各方力量，推动形成党委统一领导、党政群众协同推进、有关部门各负其责，全社会共同参与的中国优秀传统文化传承发展工作新格局。

2012年党的十八大报告提出："建设中国特色社会主义，总依据是社会主义初级阶段，总布局是五位一体，总任务是实现社会主义现代化和中华民族伟大复兴。"全面落实经济建设、政治建设、文化建设、社会建设、生态文明建设五位一体总体布局，促进现代化建设各方面相协调，促进生产关系与生产力、上层建筑与经济基础相协调，不断开拓生产发展、生活富裕、生态良好的文明发展道路。2013年8月19日，习近平在全国宣传思想工作会议上要求："宣传阐释中国特色，要讲清楚每个国家和民族的历史传统、文化积淀、基本国情不同，其发展道路必然有着自己的特色；讲清中华文化积淀着中华民族最深沉的精神追求，是中华民族生生不息、发展壮大的丰厚滋养；讲清楚中国优秀传统文化是中华民族的突出优势，是我们最深厚的文化软实力；讲清楚中国特色社会主义植根于中华文化沃土、反映中国人民意愿、适应中国和时代发展进步要求，有着深厚历史渊源和广泛现实基础。"他强调："独特的文化传统、独特的历史命运、独特的基本国情，注定了我们必然要走适合自己特点的发展道路。"2014年2月24日，习近平总

书记在主持中共中央政治局第十三次集体学习时，针对继承和发展传统文化的问题，他强调："要处理好继承和创造性发展的关系，重点做好创造性转化和创新性发展。"，"四个讲清楚""三个独特"和"两创"，言简意赅却内涵丰富，形成了关于弘扬优秀传统文化的方法论，成为文物、遗产、古籍、传统艺术、诗词歌赋活态传承的理论基础。2016年，习近平总书记在庆祝中国共产党成立95周年大会上发表重要讲话指出："坚持不忘初心、继续前进，就要坚持中国特色社会主义道路自信、理论自信、制度自信、文化自信，坚持党的基本路线不动摇，不断把中国特色社会主义伟大事业推向前进。"通过将"文化"从"五位一体"格局中的一个板块提升为"四个自信"的重要组成部分，我们党在实践中不断深化对文化根本性意义的认识，不断提升对中华民族文明演进逻辑的把握能力，融通了中国优秀传统文化、革命文化和社会主义先进文化，彰显出中华民族一以贯之的精神追求。2017年1月，中共中央办公厅、国务院办公厅印发了《关于实施中国优秀传统文化传承发展工程的意见》，以公共政策的方式，为文化传承提供了规划和抓手。文件强调，坚持党和政府对弘扬中国优秀传统文化的引领，要注重加强对传承发展中国优秀传统文化的各项政策保障。"加强中国优秀传统文化传承发展相关扶持政策的制定与实施，注重政策措施的系统性协同性操作性。加大中央和地方各级财政支持力度，同时统筹整合现有相关资金，支持中国优秀传统文化传承发展重点项目。制定和完善惠及中国优秀传统文化传承发展工程项目的金融支持政策。加大对国家重要文化和自然遗产、国家级非物质文化遗产等珍贵遗产资源保护利用设施建设的支持力度。建立中国优秀传统文化传承发展相关领域和部门合作共建机制。制订文物保护和非物质文化遗产保护专项规划。制定和完善历史文化名城名镇名村和历史文化街区保护的相关政策。完善相关奖励、补贴政策，落实税收优惠政策，引导和鼓励企业、社会组织及个人捐赠或共建相关文化项目。建立健全中国优秀传统文化传承发展重大项目首席专家制度，培养造就一批人民喜爱、有国际影响的中华文化代表人物。完善中国优秀传统文化传承发展的激励表彰制度，对为中国优秀传统文化传承发展和传播交流做出贡献、建立功勋、享有盛誉的杰出海内外人士按规定授予功勋荣誉或进行表彰奖励。"

坚持党和政府对弘扬中国优秀传统文化的引领，要注重加强文化法治环境建设。近些年来，党和政府不断着力修订文物保护法，制定文化产业促进法、公共图书馆法等相关法律，对中国优秀传统文化传承发展有关工作做出制度性安排。"在教育、科技、卫生、体育、城乡建设、互联网、交通、旅游、语言文字等领域相关法律法规的制定修订中，增加中国优秀传统文化传承发展内容。加大涉及保护传承弘扬中国优秀传统文化法律法规施行力度，加强对法律法规实施情况的监督检查。充分发挥各行政主管部门在传承发展中国优秀传统文化中的重要作用，建立完善联动机制，严厉打击违法经营行为。加强法治宣传教育，增强全社会依法传承发展中国优秀传统文化的自觉意识，形成礼敬守护和传承发展中国优秀传统文化的良好法治环境。"

第二节　中国优秀传统文化的多元化传播路径

实现中国梦必须有良好的国内外发展环境。实现中华民族伟大复兴的中国梦，必须要从弘扬中国优秀传统文化开始。因为一个中断了历史和传统的民族，不可能仅仅依靠全面"移植"外来文化再现属于自己的辉煌，而是要充分利用多元化的文化传播路径，弘扬中国优秀传统文化，充分发挥其应有的价值，实现其以文化人以文化促和谐的重要功能，为实现中国梦创造良好的国内外发展环境。

一、充分发挥各类媒体的宣传教育力度

用中国优秀传统文化助推中国梦，关键要让中国优秀传统文化进教材、进课

堂、进头脑，促进中国传统文化入社会、入社区、入家庭，使中国优秀传统文化融入人民群众的日常生活之中，文化只有走进大众，进入人民心灵，才能做到化于理、化于情、化于行，在全社会形成热爱中国传统文化、践行中国传统文化的氛围，为实现中国梦创造良好的国内发展条件。因而，要通过多样化的媒体和多元化的载体不断加强中国优秀传统文化教育，纳入家庭教育、学校教育、社会教育，引导人们向往和追求讲道德、遵道德、守道德的生活。要把中国优秀传统文化纳入公共服务全过程，纳入新型城镇化建设全过程，使优秀传统文化渗透人们的日常生活、融入人们的精神基因，转化为日用而不自觉的思想自觉和行为习惯。

第一，充分发挥主流媒体与新媒体平台在中国优秀传统文化传播中的作用。

在全媒体时代，传播中国优秀传统文化的载体变得多种多样，既有传统的主流媒体，也有以互联网为依托的新媒体平台。我们要综合运用报纸、书刊、电台、电视台等传统载体，融通多媒体资源，统筹宣传、文化、文物等各方力量，创新表达方式，大力彰显中华文化魅力。对于传统的主流媒体而言，传承优秀文化既是一种责任担当，又是一种舆论"亮剑"，必须旗帜鲜明地担当传承优秀文化的责任，充分发挥平台优势，舍得拿出黄金版面、黄金时段、黄金栏目，把最优秀、最精彩、最关注的文化食粮呈献出来，让读者、观众、听众了解历史、汲取知识，饱餐优秀文化盛宴，接受优秀文化洗礼。比如，中央电视台的《百家讲坛》节目充分利用了中央电视台的强大覆盖力、传播力，向亿万观众打开了一扇窗，让无数百姓一睹名家风采，走进传统文化博大精深的学术殿堂，接受通俗易懂、形象生动的文化熏陶，为中国优秀传统文化进行价值坚守提供了有力保障。同时，每一位媒体人都要自觉以社会主义核心价值观为指导，激浊扬清，坚守精神家园，大力弘扬优秀传统文化，真正使照耀中华数千年的文明之光在中华大地熠熠生辉、发扬光大。

随着互联网技术以及数字技术的深入发展，新媒体的加入带动了传播路径的全媒化，而传统媒体也为新媒体的传播确立好了传统文化的正能量形象。两者一起坚守住传统文化的优质内容与精神价值，更好地发挥了传统文化正确引导社会舆论的突出作用。尤其是进入21世纪后，数字化新媒体传入中国。互联网和移动增值作为新媒体最重要的两个领域，在新时期得到了快速发展。在2008年北京奥运会中，新媒体首次作为奥运会独立传播机构与传统媒体一起被列入奥运会的传播体系，互联网等新媒体平台被正式纳入赛事转播渠道，此后新媒体正式作为一种新型传播渠道开始在我国崛起，为中国传统文化的传播提供了新的载体和新媒体环境。总之，无论是传统的主流媒体还是新型的信息平台，传承中国优秀传统文化，都要善于引导、善于创新。正如中央电视台推出的《中国汉字听写大会》，将枯燥的汉字书写办成引发广泛关注、让大家都喜欢的节目，就在于大胆创新。媒体要通过寓教于乐、寓文于娱的形式立足本地，将乡贤文化、村规校训、优秀家风、传统民俗等优秀文化充分展示在版面、画面、声音、文字中，浸润人们的心灵，净化人们的精神家园。

第二，开展多种形式载体的中国优秀传统文化的传播工程。

中国优秀传统文化的传播要除寻找具体化的传播载体之外，还要对传播工作进行系统化和综合化，形成中国优秀传统文化的系统化传播工程，主要借助于多种形式的载体和平台，在社会的各层面、各领域实现中国优秀传统文化的辐射和远播。

以公共服务机构为平台。充分发挥图书馆、文化馆、博物馆、群艺馆、美术馆等公共文化机构在传承发展中国优秀传统文化中的作用。加强革命文物工作，实施革命文物保护利用工程，做好革命遗址、遗迹、烈士纪念设施的保护和利用。充分利用历史文化资源优势，推动红色旅游持续健康发展，规划设计推出一批专题研学旅游线路，引导游客在文化旅游中感知中华文化。充分利用各类爱国主义教育基地、历史遗迹等，展示爱国主义深刻内涵，培育爱国主义精神。

以经典为依托。中华文化经典指中华文明历史中代代相传、历久不衰的最优秀、最精华、最有价值的典范性著作和遗存。这些浩如烟海的文化典籍、比比皆是的历史遗存，无不蕴含着丰富的思想道德资源，积淀着中华民族最深层的精神追求和最宝贵的价值理念。编纂出版系列文化经典、整理保护历史遗存，推动文艺创作和戏剧表演重回经典，以经典为滋养，从遗存中找灵感，整理、发掘、演绎、改编，融入时代元素。推陈出新，激发活力。

以社会主题教育为中心。深入开展"爱我中华"主题教育活动，充分利用重大历史事件和中华历史名人纪念活动、国家公祭仪式、烈士纪念日，加强国民礼仪教育，加大对国家重要礼仪的普及教育与宣传力度。在国家重大节庆活动中弘扬孝敬文化、慈善文化、诚信文化等，开展节俭养德全民行动和学雷锋志愿服务。在各类社会主题教育中体现仪式感、庄重感、荣誉感，彰显中华传统礼仪文化的时代价值。树立文明古国、礼仪之邦的良好形象。

以家庭教育为纽带。中国优秀传统文化以"仁"为核心，以家庭伦理为基础。在某种意义上，可以说家庭生活是中国优秀传统文化最温馨的滥觞之地。在弘扬中国优秀传统文化方面，必须把家庭生活、家庭教育作为青少年重要的中华传统美德实践场所。广泛开展文明家庭创建活动，挖掘和整理家训、家书文化，用优良的家风、家教培育青少年，使青少年从小就受到优秀传统文化的沐浴，使尊老敬贤、勤劳持家、重视家风家训等继续成为中华民族经久不衰的美德。"挖掘和保护乡土文化资源，建设新乡贤文化，培育和扶持乡村文化骨干，提升乡土文化内涵，形成良性乡村文化生态，让子孙后代记得住乡愁"。

以习俗节庆为关键。中国传统习俗和传统节日是文化传统的重要表现形式，也是催生民族共同体成员情感、心性、认同的牢固纽带。过好每一个传统节日，传承好每一个优秀传统习俗，就是不断巩固民族成员心灵深处的民族记忆，烙印深厚的乡愁。习俗作为人们生活与文化的传承事象，既是各民族不同政治、经济的反映,又是民族传统、文化心态、生活方式的表现形式,其形成与民族生活的自然环境、生产方式、经济条件、崇拜心理等有关。传统习俗是一项重大的民族文化遗产,蕴含着独特的历史内涵,是每一个民族成员的精神原乡和文化脐带。中华民族传统节日对中国各族人民来说具有广泛的认同性,是国家凝聚力、民族团结的源泉之一。中华民族节日历史悠久、丰富多彩、文化传统深厚,有着多元一体的文化基础和文化传承。传统节日承载着一个民族的文化血脉和思想成果。我们经常可以发现,传统节日往往为人们提供某些共同遵循的社会观念与行为模式。当一个群体以节日的形式表达自己的传统的时候,它会将民族的世界观、价值系统给予公开,让人们分享、交流和实践。节日为人们提供了一个相互沟通和理解的公共世界,传达出这个民族某些共享的文化知识和它观察生活、了解世界的认知方式,充分显现着一个民族文化和价值意识的原型。中华民族传统节日承载着中华民族的文化血脉和思想精华,是整个民族智慧的结晶。习俗和节日的传承,有利于培养国民的爱国情操,提升民族自豪感,增强民族凝聚力。我们要充分发掘中华传统节日优秀文化的内涵,实施中国传统节日振兴工程,进一步丰富春节、元宵节、清明节、端午节、七夕节、中秋节、重阳节等传统节日文化内涵,形成新的节日习俗。加强对传统历法、节气、生肖、饮食、医药等的研究阐释和活态利用,使其有益的文化价值深度嵌入百姓生活。开展多样化传统节日文化活动,把各个民族节日的优秀传统和古老智慧变成人类共享的文化遗产和共同的精神财富,激发其现代生活中的活力,去创造更加丰富美好的生活。

以生产生活为目的。习近平总书记在第十三次中央政治局集体学习时指出:"一种价值观要真正发挥作用,必须融入社会生活,让人们在实践中感知它、领悟它。要注意把我们所提倡的与人们日常生活紧密联系起来,在落细、落小、落实上下功夫。"传承发展中国优秀传统文化的最终目的是丰富生活内涵,提升生活品质。让优秀传统文化走进千家万户,走进生活,就是要不断满足人民群众日益增长的精神和物质需要，让人民群众在亲和的文化氛围中感受生活的美好。中国优秀传统文化不仅承载于以语言、文字为载体的典章书籍之中，还存活于书法、音乐、曲艺等老百姓喜爱的文艺形式之中，甚至蕴含在一些仪式、工艺流程的细节之中。这一特点决定了学习传统文化不能只采取背诵经典名篇这种相对枯燥的形式，而应将其生活化、大众化、多样化，要接地气、壮底气、扬正气。将中国优秀传统文化教育融入生产生活，注重实践与养成、需求与供给、形式与内容相结合，把中国优秀传统文化内涵更好更多地融入生产生活各方面。只有将中国优秀传统文化与现实生活密切联系起来，传统文化才会变得生动活泼、有血有肉、温情脉脉，才会焕发强大的生命活力，才能被人民群众接受并内化到自己的生活中。

以新型城镇化和美丽乡村建设为契机。新型城镇化是现代化的必由之路，是最大的内需潜力所在，是经济发展的重要动力，也是一项重要的发展战略。

要深入总结乡土文化，收集乡土历史，提炼一批凸显文化特色的经典性元素和标志性符号，将其纳入城镇化建设、城市规划设计，合理应用于城市雕塑、广场园林、街区命名等公共空间，彰显城镇历史，突出文化个性，避免城市建设千篇一律、千城一面。挖掘整理富有地域特色的传统建筑文化，在建筑设计、总体规划上鼓励继承创新，推进城市修补、生态修复工作，延续城市文脉。乡村是中华民族信仰的圣地，是民族文化生发之根，更是耕读礼乐教化的重要阵地。加强"美丽乡村"文化建设，同样是弘扬和传承中国优秀传统文化的重要举措。在推进提升乡村社会生产生活现代化的过程中，应当注重发掘和保护一批处处有历史、步步有文化的小镇和村庄，保留并活跃有益于丰富乡村生活情趣、体现健康乡野民风、彰显鲜明地域特色的习俗和生态。

第三，充分发挥中小学及高校课堂对中国优秀传统文化的传播作用。

加强中国优秀传统文化教育是深化中国特色社会主义教育、中国梦宣传教育、增强文化自信的重要组成部分，也是构建中国优秀传统文化传承体系、推动文明传承发展的重要途径，更是培养和践行社会主义核心价值观的重要基础。习近平总书记在中央党校建校80周年庆祝大会暨2013年春季学期开学典礼上的讲话中曾深刻指出："中国传统文化博大精深，学习和掌握其中的各种思想精华，树立正确的世界观、人生观、价值观很有益处。"在国民教育中加强中国优秀传统文化教育已成为弘扬中华传统文化的迫切任务。2017年1月，中共中央办公厅、国务院办公厅印发《关于实施中国优秀传统文化传承发展工程的意见》（以下简称《意见》），《意见》提出要将中国优秀传统文化的传承贯穿国民教育始终。优秀传统文化只有全方位融入国民教育各个领域、各个环节，与人民生产生活深度融合，才能有长久生命力，才能真正使优秀传统文化活起来、传下去。

弘扬和传承优秀传统文化主要在于入心入脑，要内化为我们每个人的日常言行，而不是流于形式。这就要求我们从基础教育抓起，发挥第一课堂主渠道作用，紧紧围绕教育立德树人这一根本任务，根据学生心智发展和认知特点，遵循教育教学的一般规律，依照分学段、分步骤有序推进的原则，把中国优秀传统文化潜移默化地融进教育教学的各环节，使之贯穿于启蒙教育、基础教育、高等教育以及职业教育、继续教育各领域，形成层次化、立体化、全方位的教育传承体系，在各个方面坚守中华民族的文化基因和精神命脉，将"书香中国"建设与传承发展中华文化紧密结合起来，全面推进对中国优秀传统文化的学习与践行。

具体来说，在低幼阶段，植入为主，重在接受。通过老师、家长的言传身教，让孩子知道相关理念、知识，培育亲切感，此之谓启蒙。也就是要把孩童懵懂的心智启发开来，让其明是非、知对错、识善恶，养成良好的行为习惯。进入高年级，孩子已有了一定的辨识能力和理解能力，应该以增强认知力、理解力为重点，在经典记诵的基础上，拓展视野、丰富知识，在对民族历史文化的更广泛的认识、了解中，领悟中华民族的伟大辉煌，进一步提高对中国优秀传统文化的认同度，增强对中国优秀传统文化的自信心。大学阶段是一个人的全面提升阶段，学生无论是智力、情感还是能力都具备了相当扎实的基础，而高校作为培养高素质人才的孵化器，也肩负着创造、转化、传播文化知识的职责。因此，在高校设立优秀传统文化研究机构、建立相关学科、开设优秀传统文化相关课程，形成覆盖广、内涵丰富、精度深的完整体系，从广度和深度多向度加强中国优秀传统文化知识的挖掘整理、系统阐释、宣扬传播和开发利用。此外，还可以开展多样化的社会实践形式，拓宽大学生实现中国梦的实践平台。除了中国优秀传统文化理论和实践的教育，学校还需要营造良好的氛围，让学生在日常生活的方方面面受到感染和启发。高校可以通过完善自身硬件设施、美化校园环境、统一校园文化标识、加强治安综合治理、完善制度建设、弘扬大学精神、加强学风建设、营造良好学术氛围、发挥新媒体的作用等，将"中国梦"融入校园文化建设，巩固学生的党史知识，坚定他们实现中国梦的决心。

除此之外，加强各级各类学校对中华传统文化的教育和培育，还要系统研制开发中国优秀传统文化教育的课程。法国学者涂尔干（EmileDurkhdm）曾直接了当地说："教育本身不过是对成熟的思想文化的一种选编。"这个论断道出了文化传承的选择性特征。所谓"成熟"的思想文化，是指前人创造的所有知识，包括自然知识、思想观念、价值信仰和思维方式等，所有这些都构成了一定时代的文化体系。当然，人类的进步就在于对世界认识能力的不断提高、既有知识的不断更新。由此，旧的文化就跟不上时代的要求。教育在本质上是对于人类所创造的思想文化的自觉传承活动，这个传承不是全盘的，而是有选择性的，是在对不同时代人类创造的各种思想文化依据一定的标准进行一番审视批判、甄别选择和合理阐释之后，才纳入自己的文化教育体系之中。中国优秀传统文化的课堂教育传承也需要这样的"选编"。从广博的传统文化资源中选取适合走进课程的成为教学内容，才有开展教育的前提，才可能走进生活。并且，除了研发关于中国优秀传统文化的特色课程之外，同时要注意让优秀传统文化的光彩能够在任何学科的任何课程中闪耀。当然，所有这一切都离不开相关专业教师的培训和培养。教师是教育的关键，决定了教育的品质。教师对中国优秀传统文化的感情、认知和相关的能力，直接影响到传承发展工程的顺利实施，要不断加强面向全体教师的中华文化教育培训，全面提升师资队伍水平，使其成为课堂教学弘扬中国优秀传统文化的中坚力量。

二、加大中国优秀传统文化的对外传播力度

中华民族拥有五千多年连绵不断的文明历史，创造了博大精深的中华文化，是值得我们骄傲的，放眼整个世界，唯有中华文明的血脉绵延数千年而不绝，至今仍然焕发着勃勃生机。中华文化积淀着中华民族最深厚的生活智慧和最深层的精神追求，是中华民族独特的精神标识。在全球化世界村的今天，饱含民族文化营养的中国经验、中国智慧、中国方案，一定能够为人类命运共同体全球治理做出独特的贡献。让世界认识中国、理解中国、接受中国，就要打出我们最具特色的文化名片。把中国优秀传统文化推向世界，有助于提高国家文化软实力，有助于更好地展示自身的国际形象，有助于增信释疑、凝心聚力，帮助我们在国际社会减少被动、争取主动。

首先，推进中国优秀传统文化走向世界，有利于帮助我们在国际社会减少被动、争取主动。长期以来，我们在国际上的文化话语权微弱，难以塑造自己的真实形象。这一现实要求我们，必须加强文化交流，让世界了解我们。我们要与不同国家进行多方位交流、开展多语言对话，不能只是单方面理解对方，更重要的是让别人理解我们、认识我们。这其中的文化交流就显得十分重要。文化凝结的是一个民族在其长期的发展过程中沉淀下来的价值理念、思维方式及行为方式。除语言之外，不同国家、不同民族之间都存在着或多或少的文化差异，这些差异

构成了交往上的困难和障碍。我们的对外交往，不仅要求同存异，还要化异求同、化异为同，从而广交朋友，调动一切可以调动的积极因素，团结一切可以团结的力量，凝聚起推动中国发展的强大正能量。推进中国优秀传统文化向世界的传播，把我们独特的理念介绍给世界，促进外部世界对我们历史文化的了解，加强人们对我们现实道路的理解，为我国经济社会发展、经贸文化交流合作和外交工作创造良好的国际环境和舆论氛围。

其次，中国优秀传统文化的对外传播有利于增信释疑、凝心聚力。当前，中国的发展正处于快速上升期和深刻转型期，我国已经成为世界第二大经济体，民族复兴步履矫健。东方大国的崛起改变了整个世界的政治经济格局，然而，随之而来的是种种不适应。"木秀于林，风必摧之"，其他国家面对中国的发展成就，其态度和情绪异常复杂，有关注有赞许，也有疑虑和忧虑，不和谐的声音不绝于耳。有优越者傲慢地提出"中国搭便车论"，认为我们占了便宜；有不怀好意者强调"中国威胁论"，以为我们会像他们一样搞"新殖民"式"掠夺"；更有看衰者不断抛出"中国崩溃论"；我们提出建设"一带一路"，有国外媒体误读为中国是在搞"地缘政治"、谋求"全球霸权"。所有这一切，处处显现着某些西方国家对中国政治、经济、文化、社会、生态文明建设的傲慢和偏见。究其原因，除了国家力量的竞争、意识形态的较量，也有文化差异造成的误解。让世界了解我们，就要消除文化误读。中国优秀传统文化正是我们增信释疑、凝心聚力的桥梁、纽带。我们应该积极推进中国优秀传统文化对外传播，展现中华民族勤劳勇敢、不畏艰险、锐意进取、宽厚包容、热爱和平等价值理念，以情感的沟通、理性的说服、价值的共鸣消除误会，取得理解和信赖，为中国发展营造更好的外部环境。

民族复兴、民富国强的中国梦，是国家的梦，是民族的梦，也是每一个中华儿女的梦。实现中华民族伟大复兴的中国梦需要亿万中华儿女的共同奋斗，也需要一个可供和平发展、持续发展的良好国际环境。因而，我们要大力加强对外文化交流合作，不断提高文化交流水平；要丰富文化交流内容，创新人文交流方式，加大中国优秀传统文化的对外传播力度。在文化交流合作中，不仅要发出中国声音，贡献中国智慧，而且要赢得整个世界的理解，为中华民族伟大复兴营造更为广阔的空间。

第一，打造融通中外的话语体系。中国优秀传统文化的对外传播是在不同文化境遇下的跨文化传播。由于社会制度、文化背景和意识形态的不同，国内外话语体系存在一定差异，国内受众熟悉的话语并不一定适用于国外受众。所以，推动中外文化交流互鉴、实现中国优秀传统文化的对外传播需要进行因地制宜的创造性转化、创新话语体系，在国际舆论场上努力形成中国表达、中国修辞、中国语意，融通中外，否则可能会陷入传播学中所说的"自说自话"、"鸡同鸭讲"的困境。

第二，打造融通世界的故事内涵。中国优秀传统文化博大精深、具有深刻的思想内涵和理论体系，对这样深邃的思想文化的跨文化传播需要进行相应的转化和融通。好的故事能够跨越语言障碍、超越文化纷争、穿越心灵隔阂，增强情感认同。习近平总书记曾在全国宣传思想工作会议上说"要精心做好对外宣传工作……讲好中国故事，传播好中国声音"。尤其是在今天这个信息时代，谁的故事讲得感人，谁就能拥有更多受众、实现更好传播。从一定意义上说，我们讲故事的能力和水平，直接决定了价值理念传播的力度、文化认同增进的质量和国家形象塑造的效果。

当前，国际舆论话语更多地采用经济、文化、娱乐类"软话题"，日益呈现"夹带式"政治传播的特点。这提示我们，我们的中国优秀传统文化对外传播应做出相应调整，多用一些与人们息息相关的各种故事，真情而巧妙地诉说中国价值。

第三，打造融通中外的文化代表符号。融通中外的文化符号，应当有着深厚的历史文化底蕴、广泛的群众基础，能够被普通民众所接受，为世界各国人民所熟悉，要能够代表中国文化的内涵，各种文化程度的民众都能从中体会到中国文化的魅力。一个有说服力的文化符号比任何概念口号都更能体现一个国家的价值取向。改革开放之初，邓小平同志曾经五次会见美国西方石油公司董事长阿曼德·哈默（ArmandHammer）博士，其原因就在于哈默曾经"帮助列宁发展工业"。这就向世界传递了中国坚定改革开放的信号。英国外交官曾说，英国宁愿失去印度，也不愿失去莎士比亚。这里凸显的是一个人物符号的重要价值，而这样的文化符号承载了更多的本国文化价值。

我们在对外传播中，也需要发掘和发现具有广泛影响力的公众人物和文化现象，使其能够更好地承载文化观念等国家元素，实现国家文化形象的人格化表达。比如，我国姚明这样的国际巨星同样是中华文化的典型代表，是我们的典型文化符号。可见一个公众符号对国家形象的重要性。除了人物符号，我们还要积极发现中国典型的文化现象和文化特征。比如，近些年来中国的功夫、杂技在文化"走出去"方面一直比较典型。以李小龙、成龙为代表的功夫巨星，将中国功夫带到了世界文化舞台上。我们要充分发掘、整合、打造一批这样具有中国特色的文化符号。除此之外，融通文化的人格化符号的要求我们应进一步整合中国优秀传统文化，对其相应的符号化进行开发与设计。比如，一些代表性的影视作品、动漫等都对相关的文化进行了整合和传播，不失为一种有效的文化传播途径。

第四，打造减少文化折扣的传播载体。中国优秀传统文化的对外传播是不同境遇下文化的跨文化传播。只要存在着跨文化传播，就会产生一定程度的文化折扣，要充分考虑到国际文化传播中经常出现的文化折扣问题。在具体的文化传播过程中，应充分利用文化含量相对少的文化传播载体。比如，我们可以充分运用海外中国文化中心、孔子学院，以及文化节展、文物展览、博览会、书展、电影节、体育活动、旅游推介和各类品牌活动等形式，增强国家认同、民族认同、文化认同，助推中国优秀传统文化的国际传播。支持中华医药、中华烹饪、中华武术、中华典籍、中国文物、中国园林、中国节日等中华传统文化代表性项目走出去。积极宣传推介戏曲、民乐、书法、国画等我国优秀传统文化艺术，让国外民众在审美过程中获得愉悦、感受其魅力。充分利用"中国年""奥运会""文化节"等重大活动来弘扬传统文化，搭好活动舞台，规划充实内容，唱好文化大戏。进一步完善以"孔子学院"为代表的对外文化交流机构，促进国际汉学交流和中外智库合作。加强中国出版物国际推广与传播，鼓励国外汉学家和海外出版机构翻译介绍能够展现中国文化价值的优秀图书、影视作品。利用春节、中秋节等中国特色的节日，组织华人华侨在所在国举办中国文化"嘉年华"活动，吸引当地群众广泛参与、共享欢乐。依托我国驻外机构、中资企业、与我友好合作机构等，在开展业务活动的过程中展示中国风采、体现中国气韵、阐释中国特色，树立中国形象。

在"一带一路"倡议下，我们应不断加强"一带一路"沿线国家文化交流合作，鼓励发展对外文化贸易，扩大文化对外贸易与交流，让更多体现中华文化特色、具有较强竞争力的文化产品走向国际市场，通过增强文化产业在国际市场竞争力的方式来增强中国文化的影响力。随着信息科技的高度发展，在传播中国优秀传统文化的进程中，我们应不断探索中华文化国际传播与交流新模式，综合运用大众传播、群体传播、人际传播等方式，构建全方位、多层次、宽领域的中华文化传播格局，为中国发展创造更好的外部环境。

第三节　中国优秀传统文化的创新型文化业态

实现中国梦必须有强大的国家经济文化实力。梦想总是来自现实又依托于现实。中国梦这一伟大的中国梦想，同样来自中国特色社会主义的实践，又必然要依托于在中国特色社会主义实践中所创造的强大经济和文化实力。习近平总书记在联合国教科文组织总部的演讲中指出："没有文明的继承和发展，没有文化的弘扬和繁荣，就没有中国梦的实现。中华民族的先人们早就向往人们的物质生活充实无忧、道德境界充分升华的大同世界。实现中国梦，是物质文明和精神文明比翼双飞的发展过程。"

近年来，以数字技术和网络信息技术为代表的现代科技，已交融渗透文化产品创作、生产、传播、消费的各个层面和关键环节，在改造传统文化产业的同时，催生了一大批新的文化形态和文化业态，成为文化产业发展的核心支撑和重要引擎。党的十七大报告提出，发展文化产业，要努力转变文化生产方式，培育新的文化业态。党的十八大报告提出："促进文化和科技融合，发展新型文化业态，提高文化产业规模化、集约化、专业化水平。"党的十九大报告又进一步指出："要完善文化经济政策，培育新型文化业态。"新型文化业态是一个相对的概念，不同时期具有不同的内容指向。学术界对于新型文化业态的界定出现了多种观点和主张，既基本相似又略有差别，但主要都是强调将高新科技运用于文化生产领域。清华大学熊澄宇教授认为，新型文化产业是文化内容、科技和资本结合的产物，其关键是内容，而内容的价值在于其原创性、差异性以及不可替代性。

正是由于新型文化业态的多样化形态以及直观性的表达形式，成为中国优秀传统文化建设和发展的新兴载体及其方式，能够为实现中国梦提供强大的发展引擎，在中国优秀传统文化的传播过程中发挥着不可替代的独特作用。发展新型文化业态，不仅是产业转型升级的必然选择，也是提升文化品质、满足人民群众日益增长的美好生活需要的必然要求。

一、新型文化业态对中国优秀传统文化多样化的表达

新型文化业态以中国优秀传统文化为创意资本，可以展开影视、音乐、动漫、游戏等多领域跨平台的商业拓展，整合内容创意设计、资金筹措、产品生产、营

销推广、服务创新等价值链环节，带来相应的产能效应，为实现中国梦提供强大的经济支撑。

第一，充分运用新型文化业态多样化模式，对中国优秀传统文化进行多种形式的创意表达。近些年来，一大批反映中国优秀传统文化的影视作品不断呈现在观众面前，比如《白鹿原》《百鸟朝凤》以及口碑票房双丰收的《西游记之大圣归来》，都以影视产业的形式将民族文化精神融入其间。其中，《西游记之大圣归来》是对古典名著《西游记》的重新编排与注解，故事的改编情节缜密而又标新立异，唐僧师徒的形象刻画既突破传统又不失其神，韵味十足，张力充沛。其关注现实的创作方式带来了思想的深度，后现代的影视语言营造出喜剧的效果，水墨氤氲的中国景观设计和先进的三维动画技术相互融合，坚韧不拔的取经精神与仁爱济世的东方价值融贯始终。整部电影既反映出经典文化元素的精神内涵，又包裹着现代先进的表现形式，很好地传递了中国文化价值和思想。

无独有偶，在综艺创作方面，中央电视台近年来相继推出了《中国汉字听写大会》《中国成语大会》《复兴之路》《中国诗词大会》等致力于传播中国优秀传统文化的电视节目。各地方台也先后推出了富有特色的表现传统文化的节目。例如，北京电视台《这里是北京》、上海纪实频道《文化中国》、凤凰卫视《世纪大讲堂》、山东卫视《新杏坛》、烟台电视台《细说百家姓》等都是颇受欢迎的好节目。此外，在纪录片的生产和制作方面，一改以往的刻板和严肃形象，充分借鉴影视创新的新型模式，一大批展现中国自然美、人文美的纪录片不断推陈出新。比如，《汉字五千年》《中国史话》《西藏的诱惑》《舌尖上的中国》等作品，很好地展示、推介和宣传了中国优秀传统文化。

需要强调的是，中国优秀传统文化资源尽管丰富多彩，但都是特殊历史时期的产物，在新型文化业态整合、利用和转化相关中国优秀传统文化资源的同时，要坚持兼容并蓄、融会贯通、推陈出新的原则，通过赋予时代内涵、转换现代表达形式、吸收借鉴世界文明成果等方式方法，使中华民族最基本的文化基因与当代文化相适应、与现代社会相协调，把跨越时空、超越国度、富有永恒魅力、具有当代价值的中国优秀传统文化精神弘扬起来，把立足本国又面向世界的中国优秀传统文化创新成果传播出去，不断增强中华文化的感染力、亲和力、影响力和竞争力，推动中华文化繁荣兴盛，走向现代化，走向世界，成为实现中国梦的显著标志和强大精神力量。

第二，大力发展文化与科技相结合的模式，进一步丰富新型文化业态体系。未来学家阿尔温·托夫勒（AlvinToffler）曾经预言，"一个高技术的社会必然也是一个高文化的社会，以此来保持整体的平衡"。这一论述指出了科技与文化融合的重要作用。科技手段广泛应用于文化领域，必然改变文化的生产、传播与消费，形成各种新型文化业态。历史上，造纸术的发明、活字印刷的应用极大推进了文明传播的广度和深度；计算机的发明、激光照排技术的开发更是提高了文化生产的速度。如今，互联网技术、数字化技术、传输技术、大数据技术等与文化及其相关产业的整合以及渗透，使得新型文化业态日新月异，不断刷新着人类的生存方式。由此，科技与文化密切融合的产业发展模式必将不断推动新型文化业态的发展壮大，这是既有历史的实践，也是未来文化生产、传播和消费的必然。

新科技的应用是新型文化业态的重要基础。可以说，新的科技理念衍生出新的业态概念，如信息化、数字化等，而新的技术手段则是新型文化业态形成的具体条件，如多媒体教学、融媒体传播等。一方面，文化业态通过数字化技术、网络信息技术等传播手段的运用，实现了表现形式、传播方式的创新。比如，科技的发展带来了新型媒体的出现，新媒体的兴起则为中国传统文化的全方位、全覆盖传播提供了更多的平台支撑。这些媒体以弘扬中国传统文化为核心，既满足了人们了解传统文化的需求，又改变了以往文化宣传高高在上的姿态，寓教于乐，赢得普遍认可。我们发现，在媒体数量屈指可数的年代，媒体人总是将坚持格调高雅、富有教益作为一项准则来恪守，可以用来传播的内容、途径和形式都较为有限。进入21世纪后，媒体所处的传播场域发生了翻天覆地的变化。中国传统文化的传播进入了全域、全时、全民的全媒体时代。电视、报纸、广播、新媒体等都为传统文化的传播聚合发力。中国传统文化在传播内容、传播战略、传播路径、传播形式和传播定位等方面都呈现出鲜明的技术特征。另一方面，丰富新型文化业态体系是指利用软硬件载体、信息处理技术等，为文化发展植入更多的创新基因，将图像、声音、画面、文字等进行制作、编辑、创作，从而表现出新的具有创新性的内容。科技创造了新型文化业态，新型文化业态需要科技的支撑。科技的每一次进步几乎都会引发新型文化业态的诞生，并导致文化传播水平提高和传播观念变革。无疑，科技的推广和下移，正在助推着时代的巨大变革，基础教育乃至高等教育的普及，使得以往精英垄断文化的局面变得错综复杂，迅速走向大众文化的时代，普罗大众对文化的生产提出了更高的要求，丰富多元、快捷易变、雅俗共赏是其基本诉求。如何满足人民大众日益增长的文化需求？以科技为核心竞争力的一大批新兴文化业态必将应运而生，将全面助推文化服务运营和文化产业链整合的大繁荣。

加快新旧文化产业形态的融合，大力发展文化创意产业，打造文化精品。新型文化业态的形成得益于新的科技手段的应用，在相当一个时期，传统文化业态会与之同行并存，但推陈出新是任何事物发展的总趋势，其路线策略是结合—整合—融合—替代。就新型文化业态而言，现代科技的使用、新的文化创意及表现形态一时间还不能完全取代既有的文化生产、传播、消费的模式。但新型文化业态会不断冲击传统文化业态，并促进传统文化业态与新型文化业态的不断融合。从某种意义上说，新型文化业态能够改变传统的生产与消费模式，转变传统的价值增长机制，推动文化创意产业链向附加值高的两端延伸，有利于优化我国整体的经济结构。反之，传统文化业态若是故步自封，不能跟上时代进步的节奏，就必然被新的文化业态所取代。在新技术手段大量涌现的时代，旧的生产、传播、营销、消费模式必须与时俱进，不断引入新技术、新理念、新形式、新内容，不失时机地融入时代发展的大潮中，在新的科技加持下焕发生命活力。时易势变，苟日新，日日新。传统文化业态与新技术的融合催生新型文化业态，文化业态的类型与功能得到多元化的发展，业态门类也得到延伸。

  新型文化业态为中国优秀传统文化的传播带来新的契机。首先，要有良好的政策鼓励。2017年，文化部颁布了《关于"十三五"时期文化发展改革规划》（以下简称《规划》），明确了将推动文化产业作为国民经济支柱性产业方向。《规划》强调，要推动文化产业结构优化升级。加快发展动漫、游戏、创意设计、网络文化等新型文化业态，落实国家战略性新兴产业发展的部署，加快发展以文化创意为核心，依托数字技术进行创作、生产、传播和服务的数字文化产业，培育文化产业发展新亮点。其次，巨大的消费需求。随着物质生活的极大满足，近年来，我国国民消费的热点逐渐转向精神文化领域，比如旅游、文娱。对于14亿人口的大国，消费市场的空间可想而知。如何满足人民群众日益增长的文化需求，文化生产供给领域必须做出回应。衣食足而知荣辱，仓廪实而知礼节。精神文化领域的需求不仅表现在对外部世界的向往，更表现在对传统美德的回归。生产文化精品，讲好中国故事，成为文化生产传播领域的迫切任务。最后，充分的体制保障。作为现代服务业的新型文化产业，一方面拥有大量的技术人才、文化精英，另一方面又结合了政府管理和资本运营，一个生机勃勃的新型文化业态已经形成。由于技术进步迅速、消费需求活跃、体制性障碍较少、经济属性较高、管理水平先进、全球潮流促动等因素，新型文化产业已经成为名副其实的高端产业、朝阳产业，市场巨大、前景广阔，利国利民、意义重大。富有创意的优秀产品，不仅能够有效传播中国优秀传统文化，满足人民群众的精神文化需求，同时还能够产生巨大的经济效益。正是看到了巨大的商机，许多西方文化企业在其产品中纷纷引入中国元素。近年来，中国电影相继发力，不断推出优秀贺岁片，动漫作品《大圣归来》《哪吒之魔童降世》等赢得了阵阵喝彩。这些现象说明，中国人民对民族传统文化有着深厚的情感，弘扬优秀传统文化具有深厚的群众基础。

在推动中国优秀传统文化实现中国梦的进程中，要在新旧文化业态融合的基础上，进一步推动中国优秀传统文化创意开发，不断打造文化精品，形成新的经济增长点的同时，促进文化产业的健康发展。

二、新型文化业态对中国优秀传统文化多样化的创意表达与实现

当前，我国新型文化业态已经进入发展的新时期、新阶段，在今后的10年到20年间，新型文化业态发展仍将持续处于重要的发展机遇期。遵守新型文化业态充分利用中国优秀传统文化思想的规约，注入现代先进理念，以群众喜闻乐见的方式，对中国优秀传统文化进行多样化的创意表达，形成良好的社会文化效应，为实现中国梦提供强大的文化动力。

首先，善于在新型文化业态中发掘中华传统文化内涵，创新文化表现形式，增强文化感召力。新型文化业态的出现与发展尽管是现代科学技术的产物，但是科技只是一种推动力，"内容为王"是新型文化业态能够实现创新发展的关键。没有内容的支撑，形式只是一个空壳。优秀的文化产品从来都是丰富的思想内容与优秀的艺术形式完美结合的产物。内容空泛、浅薄乃至低劣，即便拥有再好的技术表现手段也不能成为优秀的文化产品。具有持久生命力的文化产品，无不以内容取胜。如一部受欢迎的电视剧或影片，吸引受众的正是它的内容，而不仅仅是它所依托的介质。因此，新型文化业态发展的关键不是人力、物力的投入，而是文化创新内容的应用，基于科技的力量，传播文化知识、信息等内容是其发展精髓所在。中华民族在五千年的文明历史中创造了丰富的中国优秀传统文化资源，这是当前我国新型文化业态发展的重要内容。实现中华民族伟大复兴的中国梦，

要善于从中华文化资源宝库中提炼题材、获取灵感、汲取养分,把中国优秀传统文化的有益思想、艺术价值与时代特点和要求相结合,加强对文化资源的开发和利用,推进新型文化业态生产内容的创新,推出一大批底蕴深厚、涵育人心的优秀文艺作品,大力弘扬中国优秀传统文化。

中国优秀传统文化内涵丰富、种类繁复、载体众多,可供挖掘之处比比皆是。以四大古典名著为例,脱胎于其中的影视剧、书籍、音像制品、网络游戏屡见不鲜,取得了巨大的经济效益。然而,其中仍然具有有待挖掘和完善的内容。就拿《红楼梦》来说,剧中除了被关注的宝黛爱情故事之外,小说中的建筑、餐饮、服饰、诗会、祭祀等描写,同样展现了博大精深的中国文化气质,依然大有文章可做。2003 年,红遍中国大江南北的韩国电视剧《大长今》,从韩国传统医药文化、传统饮食文化、传统服装文化等方面吸引着中国的广大观众,从《大长今》身上所体现出来的礼义忠信等儒家伦理道德观念更是感动着无数的中国人。这部电视剧在中国掀起的"韩潮",从根本上说,是作品所蕴含的中国传统文化精髓和体现出的文化根基在中国观众心中引起的共鸣。它的成功为我们的文化生产提供了一个很好的借鉴。它提示我们,文化生产需要在细微处下功夫,需要去生活中深挖掘。我们要不断加强中华文化的阐释,深入研究中国优秀传统文化的载体,着力构建有中国底蕴、中国特色的思想体系、学术体系和话语体系,不断为浩瀚的文化资源开发出适宜的表达形式。

其次,善于将优秀传统文化与通俗化、大众化文化产品有机结合,打造系列文化精品。文化精品不仅有先进的文化内涵,还要有精湛的技术和艺术表现形式。当前,我们的文化产品并不匮乏,文化产品也很丰富,但是,文化精品却比较少。文化产品存在不同的层次问题。与之对应的是,我国虽然是世界上文化产品的出口大国,但这个出口在很大程度上指的是玩具、乐器等器物制造业,带有深刻文化内涵的文化精品有待进一步挖掘。现在电视上的一些节目虽具有鲜明的参与性、主体性、平等性、生活性，但也不可否认地带有大众文化的负面特征，如商业性、通俗性、娱乐性。它们以相当的新鲜度、刺激力吸引观众，并给节目自身和相关产业带来了巨大的经济利润，但由于节目定位过低，一味追求快感而忽视了大众的审美追求，以娱乐遮蔽了文化本身应有的人文内涵，最终丧失持续的吸引力而失去观众。与此同时，一批定位高雅的文化产品，却因内容的精深及形式的庄严而曲高和寡。如电视节目《我们》《朗读者》《读书》等，节目邀请文化名人站台、讲述、朗诵，涉及经典文学作品、历史文化知识，可以说为观众呈献了一道道文化大餐，营养丰富、品位高雅，但许多这类节目叫好不叫座，收视率远远不抵娱乐节目。两相对比，取长补短。高雅文化如何以大众喜闻乐见的形式吸引大众，娱乐产品如何融入高雅情趣？上述两者都应反思，如何满足人民群众日益增长的文化需求。我们要弘扬中国优秀传统文化，就要创作更多的文化精品，消除文化产品层次上的鸿沟。只有将中华文化以现代技术和新型技术的方式融入新型文化产业之中，将中华文化通俗化、大众化、精品化，创建更多具有丰富文化内涵，又有多样化、现代化艺术表现形式的新型文化产品，才能更好地进行传播。

再次，通过新型文化业态对中国优秀传统文化多样化的创意表达与实现，有效维护我国文化和意识形态安全，提高国家文化软实力。有学者指出："如果说经济水平决定一个国家的强度，那么文化内涵就决定了一个国家的深度；如果说一个国家的实力决定一个国家的力度，那么文化精神就决定了一个国家的高度。"在经济全球化的后工业社会环境中，国与国之间的竞争已经超越了对经济总量的追赶，更多的是关注文化软实力的比拼。文化已成为综合国力的重要组成部分，是国家软实力的核心内容，大力发展文化事业、提升国家文化软实力已经上升为一种国家战略。以音乐磁带、激光唱盘、MTV、电影、电视、录像、奥林匹克运动会、世界拳王争霸赛、世界杯足球赛为代表的文化艺术已堂而皇之地成为当代世界经济中的新兴产业，并形成新的话语形式彰显国家的文化地位，由此，新型文化业态以其新型的多样化业态形式成为展示和提升国家文化软实力的重要工具。

在文化全球化深入发展的今天，以美国为突出代表的西方发达国家通过电影、电视等多样化文化产品的形式在国际文化领域掀起了没有硝烟的战争，其文化对外输出更是变本加厉。为防止美国以多样化电视等文娱节目对加拿大的文化殖民，加拿大政府曾规定电视台黄金时间播放的节目一定要以加拿大本土的节目为主；所播放的电视剧中，美国电视剧不得超过 1/3；电视台的主要频道和主要栏目主持人，不能聘用美国人，必须是加拿大人。我国政府也曾在 2006 年 8 月对动画片的播放做出了相关限制举措，比如，黄金时段必须播放国产动画片，境外动画片全面退出黄金档。加拿大和我国政府的这些做法可谓都是典型的防御文化殖民的手段，是维护国家文化和意识形态安全的重要举措。

当前，我国虽然已经成为世界第二大经济体，但文化产业以及依托先进技术发展起来的新型文化业态的发展却相对滞后，文化软实力还很薄弱，经济大国与文化弱国的身份极不相称。不可忽略的事实却是，美国的好莱坞电影、摇滚音乐、麦当劳等著名的软实力产品却畅销世界各地，成为美国传播政治理念、渗透文化价值观的有效载体。"美国 CBS（哥伦比亚广播公司）、CNN（美国有线电视新闻网）、ABC（美国广播公司）等为主体的媒体控制了世界 75% 的电视节目和超过 60% 的广播节目的生产与制作，每年向其他国家发行的电视节目总量超过 30 万小时，垄断了全球话语权。"

我国文化和意识形态安全面临诸多挑战。我们必须发出自己的声音，让世界了解中国、认识中国。中国优秀传统文化是我国文化软实力的重要体现。我们必须大力发展新型文化业态，充分展示中国优秀传统文化的魅力，塑造中国形象。我们有着光辉灿烂的悠久历史，在中国优秀传统文化的大观园中，积淀着丰厚的人生智慧，张扬着美好的人类理想。从先秦诸子的百家争鸣，到独尊儒术的制度设计，从修身齐家的个人素养，到治国平天下的家国情怀，处处彰显着中国优秀传统文化的至臻、至善、至美的优秀品格。我们必须大力发展新型文化业态，并通过新型文化业态对中国优秀传统文化独特的创意表达，强化民族符号、抵御外来文化侵袭。我们要坚持道路自信、文化自信，保护民族文化，增强民族认同感和凝聚力，从而有效地维护我国文化和意识形态安全。

综上，新型文化业态因其平易亲和的形态和新奇多元的表现，传播面广，渗透力强，接受度高。将中华民族厚重的历史、浓厚的民俗和优秀的思想，与新型文化业态的文化创意和市场运作相融合，创新表达形式，赋予现代内涵，塑造特色品牌，使中国优秀传统文化以可知、可观、可听的形式，可感、可亲、可敬地走进人们的心灵，潜移默化地浸润人们的灵魂，为实现中华民族伟大复兴的中国梦创造强大的经济和文化支撑。

最后，需要注意的是，以新型文化业态弘扬和创意表达中国优秀传统文化，要对新型文化业态的大众化包装进行适量把握，坚决抵制"娱乐至死"的风气，反对媚俗、低俗和庸俗的"三俗"趣味。在创意表达和实现中国优秀传统文化创新发展的同时，要牢牢把握中国优秀传统文化的精髓及核心价值，不失其根脉，保留其特色，升华其境界。"只有饮水思源，从绵延不绝的文明中借鉴智慧，才能走得更有底气。"文化传承的意义在于固本开源，民族精神家园是我们每个人的灵魂栖息地，也是我们张帆远航的出发地。我们必须以敬重的心态，守拙持正，推陈出新。只有以大众化、趣味化的生动多样的形式表现传统文化的优秀精髓，实现传统文化与传播效果的良性互动，才能在传承发展中国优秀传统文化的同时，为实现中华民族伟大复兴的中国梦提供强大的文化力量。

第四节　中国优秀传统文化传承路径

"文化是民族的血脉，是人民的精神家园。文化自信是更基本、更深层、更持久的力量。中华文化独一无二的理念、智慧、气度、神韵，增添了中国人民和中华民族内心深处的自信和自豪。"国人的自信、民族的自豪来源于文化的自信，来源于中国优秀传统文化的"源头活水"对文化自信的给养。只有以追本溯源的执着定位中国优秀传统文化在文化自信中的地位，以一脉相承的牵绊，理清中国优秀传统文化与文化自信的关系，才能道清中国优秀传统文化现代性传承的路径，以自信的魄力实现中国优秀传统文化的现代化融合。

一、概念锁定传统文化地位，内涵划定传统文化圆周

（一）定位传统，厘清源头

概念梳理，文化定位。文化是一个生生不息的运动过程，任何一种民族文化，都有它产生、发展的历史，都有它的昨天、今天和明天。梁启超先生指出："文化者，人类心能所开释出来之有价值的工业也。"这种广泛意义上的"大文化"是理解中国优秀传统文化是文化自信的"源头活水"时应立足的天地。中华文化是以文化的民族性和国度性为依据，以地理环境为依托划定的文化概念。中华传统文化则是融合了地理性和历史性进而在时空中划出的一片文化领域。这是"昨天"的中华文化，具体指1840年鸦片战争以前的中华文化。中华传统文化是我们先辈传承下来的丰富遗产，是历史的结晶，并不只是博物馆里的陈列品，而是有着鲜活的生命。正如黑格尔所说："传统并不仅仅是一个管家婆，而是把它所接受过来的忠实地保存着，然后毫不改变地保持着并传给后代。它也不像自然的

过程那样，在它的形态和形式的无限变化与活动里，永远保持其原始的规律，没有进步。"传统是社会的一种生存机制和创造机制，借助于它，历史才得以延续，社会的精神成就和物质成果才得以保存和发展。

把握优秀，厘清源头。中华传统文化源远流长、博大精深的特质不仅给文化继承提供了丰富的资源，而且也给文化传承带来了因袭的负重。由于对自身的传统认识和外部环境的客观把握都不够透彻，这样一年年、一代代的传承难免泥沙俱下、良莠不齐。中国优秀传统文化概念的提出，让探索文化的眼光从纷繁、迷茫中定位到优秀的内核，既能从头到尾了解传统文化的发展历程，又能避免被无法穷尽的枝节材料所淹没，量的减少为找寻最核心的质节省了精力。外延的收缩、内涵的提炼，让我们认清了中国优秀传统文化是现时代国家、社会、个人应该忠实坚守的文化自信的"源头"。

（二）认识内涵，划定圆周

文化有广义和狭义之分、隐性和显性之别，中国优秀传统文化是中华传统文化的组成部分，它既有文化的共性，也有自身的个性。因此，在探讨其内涵时，可以从共性角度对中国优秀传统文化进行显性和隐性两方面的考察，从而划定优秀传统文化的圆周，在既定的范围内给文化自信输送"活水"。

一方面，显性文化是人的本质力量的对象化。首先，表层显性文化特指器物层面的文化实体，即由"物化的知识力量"构成的物态文化层。它是人的物质生产活动及其产品的总和，是可感知的、具有物质实体的文化事物，构成整个文化创造的基础。其用途能满足人类最基本的衣、食、住、行的生存需要、生产生活的劳动需要以及休闲娱乐的精神需要。其材料是人类主体通过社会实践活动，利用、改造自然界客体而创造出来的包含人的价值取向的产品。其次，中层显性文化指在人类社会实践中形成的各种社会规范和社会组织，即制度文化层。物的文化生产过程形成一定规模进而成为一种社会的活动，必然会结成一定的社会关系。马克思曾说："动物也生产，它也为自己营造巢穴或住所，但是，动物只生产它自己直接需要的东西，其生产是片面的，而人的生产是全面的。""动物只生产自身，而人在生产整个自然界。"人类高于动物的根本之处在于人不仅只进行满足直接肉体需要的生产，而且进行摆脱这种需要支配的真正的生产。在对对象世界的改造中，使自然界表现为他自身的创造物和他的现实性，从而创造出一个属于他自己、服务于他自己，同时又约束他自己的社会环境即"人化自然"，这便是人通过不断反观自身的实践达到的"自然人化"过程，创造的"人化自然"结果。人在"人化自然"中创造准则，并将其规范为社会制度，固化为社会组织，上升为政治制度。最后，深层显性文化即精神文化层，包含社会意识和社会思想。"社会意识形态则指经过系统加工的社会意识，它们往往是由文化专家对社会心理进行理论归纳、逻辑整理、艺术完善，并以物化形态——通常是著作、艺术作品——固定下来，播之四海，传于后世。"如政治理论、法权关系、宗教信仰、文学艺术等。社会思想除一些学术思想或成一家之言的学派观点之外，其思想的最高抽象和凝练便是哲学思维。

另一方面，隐性文化是人的本质力量的内在化，体现在心理潜意识和符号上。第一，人类社会实践和意识活动中长期孕育出的思维方式、价值观念、审美情趣以及由心理动机而产生的行为模式均属于心理文化层的范畴。第二，符号中的言语符号包括声音言语、文字言语、图形言语和非言语符号中的情态言语、体态言语既为人类文化的传承提供了载体，又是人类文化的重要组成部分。特别是汉字作为文字言语同中华传统文化有着极为密切的关系。它既是中国文化的重要文化事项之一，又是中华文化中其他文化项的载体。通过对中国优秀传统文化显性和隐形内涵的范畴界定，我们便能在既定的文化圆周中甄别文化自信建设的营养成分，清除源头的污染物，从而保证汇入文化自信的中华传统文化的优秀纯洁。

二、面对传统文化现代化危机，树立传统文化塑造性意识

传统文化是文化自信的"活水"还是"死水"？这类问题，是大而无当的假问题，真正该探讨的问题应该是传统文化的某一部分是否、以何方式、在多大程度上影响，制约着我们今天的生命活动？我们应该怎样去塑造新的传统？为此，我们将所探讨的文化定位于中国优秀传统文化，在这样的大前提下回答传统文化是文化自信的"活水"还是"死水"的问题就显得有话可说、有理可持。

"活水"既有流淌之势，又有动态之感。中国优秀传统文化的"活水"在"过去"往"现在"流向"未来"的历程中，我们不仅看到文化基因的悠久沉淀，更体会到传统文化血脉如水般难以割断的联系。费孝通先生曾认为，"文化自信指的是生活在一定文化历史圈子的人对其自身文化的自我觉醒、自我反省和自我创建，对文化的发展历程和未来有充分的认识。"因此，当传统文化遇见现代文化自信时，不同支流的活水是泾渭分明还是兼容并蓄？这个问题在中国优秀传统文化与文化自信的融汇中难以避免，面对传统与现代的张力，两种不同的表现形式让传统文化存在着"活水"变成"死水"的危机。

（一）破除投鞭断流式全盘否定，寻找自身传统的自信曙光

"全盘西化论"与"彻底重建论"否定传统文化的合理性。中国优秀传统文化的"活水"经过几千年的流淌进入了现代化的大门。在现代化的进程中一些学者倡导"冲击—反应"论，认为以儒学为核心的中国优秀传统文化是一个内部缺乏活力的惰性体系。它长期停滞不前，只有在西方文化的冲击下，才被迫做出反应，被迫向近代转变。这一观点虽肯定了近代西方文明对中国近代化进程的历史推动作用，但也具有一定的片面性，它仅仅看到传统文化在这一进程中的消极阻碍性，从而单方面认定传统文化是中国近现代发展中的阻碍。在片面性思想的发酵下易产生"全盘西化论""彻底重建论"等投鞭断流式的对中华传统文化全盘

否定的倾向。"全盘西化论"认为西方皆优、自身皆劣，对传统文化怨天尤人、满腹牢骚，在妄自菲薄中丧失了民族自豪感和文化自信心。"彻底重建论"则认为必须对中华传统文化进行全力的动摇、震荡，使之彻底解体，尽速消亡，倡导想要建设中国新文化，"必须进行彻底的反传统""断裂传统""以反传统来继承传统"，甚至宣传反传统是"永远不悔的旗帜"。

无论是"全盘西化论"还是"彻底重建论"都是对自身文化的不自知、不认同、不自信。"人贵有自知之明"，民族也是一样，唯有客观看待自己的缺点，才能舍旧取新，大步前进，唯有了解自己的优良传统，才能保持高度的文化自信。优良传统中的家国天下的经世理想、穷变通久的变易哲学、民贵君轻的民本意识、自强不息的进取态度都是连接中国优秀传统文化与文化自信建设的纽带。这些传统文化内在的活力因素必然唤醒文化的自信。把握你自己的文化，认识到传统文化本身内在的活力因素，这是中国优秀传统文化在面对历史和时代的阻碍时，冲破窒息流淌的束缚，寻觅现代化发展的曙光、建设文化自信的希望所在。

（二）冲破泥沙俱下式全盘接受，恢复文化传统的自信信念

泛化优秀，全盘接纳。对中华传统文化不加辨识，夸大传统文化内部的优秀成分，以偏概全，只看到其丰富的精神内涵，忽视其中的荒杂内容。将中国优秀传统文化泛化为中华传统文化的文化保守主义者倡导复兴儒学，认为中国社会出路的解决在于文化出路的解决，而文化出路的根本解决在于儒学的复兴。但是作为中华传统文化核心的儒学思想本身并非尽善尽美的，更不是包治百病的良方。从儒家思想本身的良莠不齐来看，如果说完全恢复儒学的地位，充分恢复传统文化在中国的统治地位并指导中国的文化建设，无疑会给文化自信本身带来不自信。若中华传统文化是文化自信的优良补给，必然会因源头的不纯洁而污染文化的自信，从而打击文化自信的活力，动摇文化自信的信念。

把握"传统"与"文化传统",澄清全盘接受的误区。从传统角度看,"传统"本质首先是"传",它应该是动态的、富有生命力的东西,因此具有"传下去"的合理性和必然性。正如黑格尔曾经讲"凡是现实的都是合理的"。这里的"理"也昭示着一种文化传统,即符合社会规范之理。合理的文化是时代选择的结果,是文化内在机制调节的结果。在历史演变的大叙事下,中国优秀传统文化是时代"合理性"积聚的结晶。从文化传统角度看,"所谓文化传统,就是受特定文化类型中价值系统的影响。经过长期历史积淀而逐渐形成的、为全民族大多数人所认同的思想和行为方式上的难以理解的心理和行为习惯。当文化传统这种事实判断的范畴与民族文化的"基本精神""民族精神"相结合时,在价值指向上就有优秀平庸之分。因此,只有优秀的传统文化才能指引文化传承的现代性路径,才是文化自信最深厚的文化基因。

三、四维度建构传承网络,三立足夯实传承基石

在新民主主义革命时期,毛泽东汲取前人智慧,综合党内外意见,指出研究党史的根本方法是全面的历史的方法,并将其称为"古今中外法",即弄清楚所研究问题发生的一定时空,把问题当作一定历史条件下的历史过程去研究。对于文化研究来说,"古今"就是从时间角度把文化及其传统看作是历史地发展着的,"中外"就从空间角度正确处理民族文化和外来文化的关系。

因此,对中国优秀传统文化,应在讴歌中探索,在自豪中反思,在固守中并蓄,在传承中创新。我们要树立四个维度:古、今、中、外;坚守三个立足点:建筑、活动、精神。只有这样的传承拓展,才是丰富中华文化、建设文化自信的王道。但是百年实践探索中仍存在建筑单一趋同化、教育机械形式化、精神空洞亵渎化的趋向。毫无疑问,没有中华传统建筑就没有中华文化固化。没有生产教育宣传就没有中华文化活化。没有传统敬畏精神就没有中华文化神化。

（一）四个维度构建，古今中外贯穿

1. 探古寻根，找到源头

讲清中国优秀传统文化的价值理念、深邃内涵、鲜明精神，探清中国优秀传统文化的历史渊源、发展脉络、基本走向，在探古寻根中增强文化自信。

横向领会中国优秀传统文化内涵，在浩瀚广博中树立自信。中国优秀传统文化实质上是民族精神的具体表现。从中华文化基本精神的主体内容方能领会传统文化的丰富内涵。"天地与我并生，万物与我为一"的精神境界、"人事为本，天道为末"的人本意识、"苟利国家生死以，岂因祸福避趋之"的报国情怀、"富贵不能淫，贫贱不能移，威武不能屈"的浩然正气等，都体现了中华民族的优秀传统文化和民族精神，都是不应该忘却的"本来"和"初心"。我们要扩宽传统文化的圆周，在更广阔的天地感悟文化的广博，坐井观天、一叶障目只会滋长自负的情感，唯有眼界广、认识深、站得高，方知宇宙之大、人之渺小，从而端正对中国优秀传统文化的态度，树立文化自信的信心。

纵向探寻中国优秀传统文化根源，在历史流动中沉淀自信。列宁说过："只有确切了解人类全部发展过程中所创造的文化，只有对这种文化加以改造，才能建设无产阶级的文化。没有这样的认识，我们就不能完成这项任务。"我国现今建设文化自信，必须对中华传统文化的历史进行科学的考察和分析，从而对传统文化史做出科学的总结，端正对传统文化的看法。从上古时代至西汉时期，中华文化独立流淌，滋润华夏一方土地。两汉佛教的输入，与中国固有的传统思想既相互对峙又相互影响。在彼此融合中，中国佛教已接受中国本土思想的熏陶而凝结在中华传统文化之中。明代后期，因传教士来华带来了西方的自然科学知识。西学东渐的风气下，简单模仿并不能解除民族的危机。马克思主义在中国的传播，也使中华文化的发展进入一个新的阶段。文化史探究中，中华文化从古至今的纵向流动中,其创造性、延续性、兼容性的特点让中国优秀传统文化拥有不懈的动力,凝结着历史的精华,它并不是博物馆里的陈列品,而是活的生命。历史探究,让我们认清现实发生的合理性和存在的必然性,即使局部存在着中国优秀传统文化与文化自信的碰撞,我们依旧会信心满满地进行先进文化建设。

2. 守望今朝,坚守活水

重视传播手段,加快传统文化现代化。我们大多数人都感到"时代变了",特别是当我们把自己和父母的生活相对比的时候,这种感觉便是我们对近代文化变迁最切身的感受。文化变迁并不仅仅出现在我们的文化中,在整个人类历史上,随着人们需要的变化,传统行为不断地被取代或被改变。中华传统文化在几千年的文化变迁中传承至今,眼下的中国优秀传统文化仍然面临着变迁,面临着现代化的问题。自身文化通过创造性转化,创新性发展实现文化自立、自强。优秀文化只有借助传播手段才能让国人接受,让世人尊重。文化传播不仅在传播方式上存在着"地理文化中心论",即以一个地理文化中心(埃及),随后,在其他各民族接触中传播扩散到世界各地,与"平行传播论"即认为世界上存在并传播着几个不同的文化复合体,而且在传播内容上也形式多样,不管是打上文化烙印的实体还是无形思想的传播都属于传播的对象。

传播社会主义核心价值观须立足中国优秀传统文化。因为优秀传统文化是中华民族的精神命脉,是涵养社会主义核心价值观的重要源泉,也是我国在世界文化激荡中站稳脚跟的坚实根基。成体系的核心价值观有其固有的根本基础。抛弃传统、丢掉根本,就等于割断了自己的精神命脉。新时代提出的社会主义核心价值观,把涉及国家、社会、公民的价值要求融为一体,既体现了社会主义本质要求,继承了中国优秀传统文化,又吸收了世界文明的有益成果,体现了时代精神。核心价值观传承着中国优秀传统文化的基因,寄托着近代以来中国人民上下求索、历经千辛万苦找寻的理想和信念。我们要在全社会广泛传播社会主义核心价值观,积极吸取中国优秀传统文化中与时俱进的新内容，不断补充价值观的建设，让社会主义文化更加自信，让中华民族更加自信、自立、自强。

3. 立足中华，捍卫清流

清理失衡环境，捍卫文化自信。文化是民族进步的灵魂，文化软实力是国家精神的纽带。中国文化经历了20世纪以来的心酸历程。当今中国倡导文化自信的首要一步便是肃清文化生态环境。"'文化生态环境'是指由构成文化系统的各种内、外在要素及相互作用所形成的生态关系。"中华文化发展的堪忧现状表现为文化生态的失衡——民族传统文化常常被误解，高雅文化、精英文化市场日渐萎缩，而娱乐文化则大行其道。培育良好的文化生态最有效的措施是政府发挥激浊扬清的作用，肃清文化生态环境，为文化自信保驾护航。

首先，组织领导统率传统文化传承路径。"各级党委和政府要从坚定文化自信、坚持和发展中国特色社会主义、实现中华民族伟大复兴的高度，确实把中国优秀传统文化传承发展工作摆上重要日程。"党的十八大以来，以习近平同志为核心的党中央高度重视中国优秀传统文化的传承发展，始终从中华民族精神追求的深度看待优秀传统文化，从国家战略资源的高度继承优秀传统文化，从推动中华民族现代化进程的角度创新发展优秀传统文化，使之成为实现"两个一百年"奋斗目标和中华民族伟大复兴中国梦的根本力量。其次，政策保障捍卫传统文化传承路径。"加强中国优秀传统文化传承发展相关扶持政策的制定与实施，注重政策措施的系统性、协同性、操作性。"加大中央和地方各级财政投入力度，支持中国优秀传统文化传承发展重点项目建设，制订文物保护和非物质文化遗产保护专项规划等都是传统文化发展必不可少的政策性路径。最后，文化法治环境护航传统文化传承路径。文化自信离不开传统传承、现代规划的引导，更离不开文化法律建设的推动和保障。立法的宗旨是为了加强公共文化服务体系建设，弘扬社会主义核心价值观，增强文化自信，提高全民素质，营造健康文化法治环境。

第一，立法保障。逐渐建立中国特色社会主义文化法律体系和制定一系列与之配套的制度与机制，为文化市场、文艺创作、遗产保护、文化安全提供重要保障。第二，执法监督。提高文化系统的依法行政能力，满足人民的文化权益，加大文化执法行为的监督，对涉及保护传承弘扬中国优秀传统文化的相关法律法规的施行力度进行重点监督检查。第三，法治宣传。在全社会宣传营造守法光荣、违法可耻的氛围。增强全社会依法传承发展中国优秀传统文化的自觉意识，形成礼敬守护和传承发展中国优秀传统文化的良好法治环境。

4. 放眼国外，百川汇海

马克思说："过去那种地方的和民族的自给自足和闭关自守状态，被各民族各方面的互相往来和各方面的互相依赖所代替。物质的生产是如此，精神的生产也是如此。各民族的精神产品成了公共的财产。民族的片面性和局限性日益成为不可能，于是，有许多种民族的和地方的文学形成了一种世界的文学。"开放世界的八面来风驱散了曾经笼罩在民族心头的封闭阴云。人类各民族相互交流的深度和广度都在不断拓展。在这样的时代大潮中，中国优秀传统文化将以怎样的姿态参与世界文化的合作、交流，即中国优秀传统文化的适应性问题。张岱年曾说过："文化的发展规律是：一个民族的文化只有遇到更先进的文化，在冲突与融合中才能更新发展。"相比其他国家的文化开放程度，中华文化的适应能力是比较弱的，在中国地理环境、经济方式和制度传统的影响下，产生了强烈的文化优越感和自我中心的文化心态。在文化自负心理的发酵下，这种自我本位，视"华夏"文明高明而精微、"外来"文化低劣而粗浅。近代的落后挨打，让一部分国人改变了这一看法，但是，时至今日，仍然存在着对中西文化融合道路的分歧。就文化本身，中西文化无优劣之分，即使评判高低，中华文化悠久的历史、渊源的知识也更胜一筹。之所以在传统文化与世界文化交流适应中表现出弱势和消极之感，这并不是文化本身造成的，而是取决于文化背后的经济因素。这其中最关键的便是科学技术的作用。

5.科技助跑，自信交往

科技创新推动的首次工业革命，诞生了大工业，孕育了现代市场。马克思曾说："资产阶级除非对生产工具，从而对生产关系，对全部社会关系不断地进行革命，否则就不能生存下去。""资产阶级，由于一切生产工具的迅速改进，由于交通的极其便利，把一切民族甚至最野蛮的民族都卷到文明中来。"在发达国家和落后国家的文明冲突中，落后国家必然会主动或被动地学习先进国家的科技成果，甚至产生崇尚西方文明、贬低自身传统的不自信思想。因此，中西文化应秉承平等交流的理念，强化自身开放和适应性。不仅需要持有平等观念、全球观念等现代意识，而且需发展科学技术，赶上西方科技的步伐，用硬实力支持软实力的建设，在中西文化交流中彰显自信的民族文化。

（二）立足回归文化初心：建筑固化、活动活化、精神神化

1.建筑：固化文化，积淀自信

建筑是凝固的艺术，是固化的文化。建筑的本质是为了栖息，但是人们在生产过程中会不经意留下自己文化的影子。中国古代建筑从有据可依的西安半坡圆形和大方形住房，就一直同自身文化观念和与之相适应的审美趣味相联系。中国建筑的根本特色是由中华文化的特点决定的。建筑提倡"透风漏日"，从门窗到亭台廊榭的设计均得自然之动景、感宇宙之情韵，体现了中华文化气化流动、衍生万物的宇宙观。宫殿建筑的阳刚和园林建筑的阴柔生动凝练了儒家阳刚和道家阴柔之美。建筑的最高境界"和"是艺术家将中华文化"和"的基本精神运用到固态艺术上的再现。

秉承保护方针，建设城镇文化。《威尼斯宪章》指出："世世代代的历史古迹，饱含着过去岁月的信息而遗存至今，成为人们古老的活的见证。……将它们

真实、完整地传下去是我们的职责。"也就是说，建筑文化遗产的价值，根本在于它能见证历史，即它的历史价值。我国保护传承文化遗产秉承着"坚持保护为主、抢救第一、合理利用、加强管理"的方针，积极做好文物保护工作，加快新型城镇化进程。因此，我们要坚守传统文化遗产保护原则，加强传统文化建筑群的保护，建立历史文化名城、名镇、名村等特色文化传承区域，进行集中重点完善，发展文化特色区域旅游产业。目前，城镇化发展的蓝图依旧在更加清晰和细致的描绘，城镇化"望得见山、看得见水、记得住乡愁"的美好愿景也有很大推进。但是，城镇化高楼大厦平地起的光鲜外表下，人们在眼花缭乱中总是感到冰冷与陌生。工业文明标准化的追求，容易导致城市建筑的千篇一律、千城一面，城市发展中个性的缺失、文化的缺失让人们失去了熟悉的味道。"钢铁＋混凝土＋玻璃幕墙"的冰冷让建筑急需灵魂的注入，急需传统文化的支持。文化是一座城的灵魂，只有文化的浸润，城市建筑才能彰显其魅力。因此，城镇建筑的建设必须与传统文化相结合，将文化元素、文化脉络融入建筑之中，搞好城镇文化生态，使建筑有灵魂，使城市有传统，使文化有自信。

2.活动：活化文化，激发自信

传统是社会的一种生存机制和创造机制。借助于它，历史才得以延续，社会的精神成就和物质成就才得以保存和发展。正因为如此，文化传统并非仅仅停留于博物馆的陈列品和图书馆的线装书之间，它还活跃在今人和未来人的实践中。

首先，文艺创作实践活跃传统文化传承。"善于从中华文化资源宝库中提炼题材、获取灵感、汲取养分，把中国优秀传统文化的有益思想、艺术价值与时代特点和要求相结合，运用丰富多样的艺术形式进行当代表达，推出一大批底蕴深厚、涵育人心的优秀文艺作品。"只有自觉投身人民生产生活的伟大实践中，才能从最真实的人民生活出发，发现人民的喜怒哀乐，创作出持续满足人民精神文化需求的良作。传统与现代结合的文艺作品才是不失本来又能开拓未来的精品，才能成为宣传文化自信的号角。

其次,教育、宣传实践搞活传统文化传承。第一,国民教育贯穿始终。围绕立德树人的根本任务,将中国优秀传统文化在广度上融入思想道德教育、文化知识教育、艺术体育教育各环节,在深度上贯穿启蒙教育、基础教育、职业教育、高等教育各领域。第二,宣传教育全面覆盖。"综合运用报纸、书刊、电台、电视台、互联网站等各类载体,融通多媒体资源,统筹宣传、文化、文物等各方力量,创新表达方式,大力彰显中华文化魅力。"家庭教育中广泛开展文明家庭创建活动,挖掘家训、家书文化,为青少年营造良好的家庭文化环境。社会引导中重视承接传统习俗、符合现代文明要求的社会礼仪,形成言行恰当、举止得体、礼让宽容的社会风尚。国家战略上加大对国家重要礼仪的教育宣传力度,彰显中华传统礼仪文化的时代价值,树立"文化大国"、礼仪之邦的自信形象。

最后,生产生活实践激活传统文化传承。一方面,用中国优秀传统文化的精髓涵养企业精神,培育现代企业文化。静态企业文化管理中重点组织企业文化的培育和养成。组织内在精神的提升及展示,组织规章制度的制定和明示,组织文化设施的建设和维护,组织经营文化的设计与传播。动态企业文化管理中重点组织文化的传播和弘扬。开展技术技能型文化活动增加工人劳动技能,开展生活福利型文化活动增加工人劳动保障,开展文体娱乐型文化活动增添工人劳动乐趣,开展制度创新型文化活动保障工人劳动公平。另一方面,深入发展传统体育,抢救传统体育项目,把传统体育项目纳入全民健身工程。组织体育健身意识,形成个人良好健康头脑;组织体育制度建设,完善体育竞赛、运动的法律法规;组织体育行为习惯,形成持久、有序、渐进的健康行为。在个人中营造健康体魄生态,在社会中形成健身文化理念,从而丰富文化自信的内容,彰显更广泛的文化自信。

3. 精神:神化文化,敬畏自信

传统敬畏涵养对中国优秀传统文化的敬畏之心。孔子有云:"君子有三畏:

畏天命、畏大人、畏圣人之言。"强调敬畏自然,顺应万物本性,敬畏在人性中充分展现人性光芒的典范形象,敬畏洞悉天地之道而穷其理,敦风化俗的圣人之言。"敬畏在一般意义上表达的是人们对社会生活严肃、谨慎和认真的态度,是人在面对庄严崇高事物时所产生的带有害怕、尊敬的感受,是对文化超然性的意识。"对传统文化的敬畏之心是人类最可贵的自信。因为人是文化的存在方式,任何人都无法回避"我从哪里来"这一形而上的问题,都强烈渴望"安身立命"的根本性回归,这一问题在个体生命中是不能充分被说明的,只有从世代延续的人类发展历程中才能有效地回答。传统保护着我们,划定人性的圆周。基于民族传统的认同,我们才有安身的可能,才有自己的"文化身份",基于社会生活,传统更维系着基本的社会秩序。因此,对自身民族文化传统葆有敬畏之心是文化自信最难得的初心。

自信缺失弱化文化自信底气。中国优秀传统文化当今面临的最大困境就是对传统文化本身自信的缺失。中华文明历史悠久,这种传统的厚重感让我们身居其中而不自知,历史的飞快向前更淡化了对民族传统的自觉意识。20世纪至今的百年流变中,中国优秀传统文化并没有在自觉中得到很好地传承,不可否认,文化建设依旧是我们的短板。我们时常感叹:"中国是一个文化资源大国,却是一个文化产业小国"。

文化自信首先来源于信仰,因相信而有敬畏之心。只有拥有敬畏之心,才会有"虽不能至,然心向往之"的敬仰之情,才会有摒弃糟粕,坚守底线的畏惧之情。当今的部分民众缺少对传统文化的敬畏之心,这种自信的缺失会弱化优秀传统文化作为中华民族精神血脉、文化基因的价值,甚至丧失整个民族的独特性和存在的现实性。

雄关漫道真如铁,而今迈步从头越。今天,文化建设的步伐依旧缓慢。为此,习近平总书记倡导"文化自信",将制度自信、道路自信、理论自信并列,认为文化自信是更基本、更深层、更持久的力量，体现了党和国家对文化建设的高度自觉。在文化自信建设中，我们不仅要脚踏实地，将传统文化体现于实践生活，着眼于具体政策的实施、具体方案的出台，而且要仰望星空，将传统文化于浩瀚星空，心存敬畏，做到"口诵而得其教，心维而得其旨，体行而得其道"，才能在文化自信建设中有所为有所不为，坚守道德底线，呵护文化操守，从而坚守恒定的文化价值。

因此，我们要心中存敬畏，视传统为"立命"之根，在文化自信建设中以神话般的敬畏尊重传统，严肃对待传统，这样才能找寻到传统文化传承发展的明确路径，这样我们的文化自信建设才不会迷失方向，我们的步伐才会更加矫健。

第六章　中国优秀传统文化创造性转化

习近平总书记在十九大报告中提出,"经过长期努力,中国特色社会主义进入了新时代,这是我国发展新的历史方位"。同时,他深刻指出:"中国特色社会主义进入新时代,我国社会主要矛盾已经转化为人民日益增长的美好生活需要和不平衡不充分的发展之间的矛盾。"习近平总书记对于我国新时代新的历史方位以及社会主要矛盾转化的重大政治论断,对于我们今后一个时期内如何建设中国特色社会主义文化,尤其是传承、弘扬中国优秀传统文化具有重大启示与指导作用。

随着我国进入社会主义新时代,如何推动中国优秀传统文化更好地适应新时代的发展需要,成为一个现实而又紧迫的问题。为此,习近平总书记指出,需要"深入挖掘中国优秀传统文化蕴含的思想观念、人文精神、道德规范,结合时代要求传承创新,让中华文化展现出永久魅力和时代风采"。习近平总书记还强调,弘扬中国优秀传统文化,"要处理好传承和创造性发展的关系,重点做好创造性转化和创新性发展"。在实现由文化大国向文化强国的转变中,在建设中国特色社会主义文化中,进一步传承与弘扬中国优秀传统文化,其关键在于牢牢把握新时代的脉搏,推动中国优秀传统文化的创造性转化。

因此,对于在新时代,为什么要推进以及如何推进中国优秀传统文化的创造性转化,就需要我们在理论上进行新论证、新阐述。

第一节 创造性转化的内涵

关于创造性转化,习近平总书记指出,"要按照时代特点和要求,对那些至今仍有借鉴价值的内涵和陈旧的表现形式加以改造,赋予新的时代内涵和现代表达形式,激活其生命力"。习近平总书记这一论述对中国优秀传统文化创造性转化的选择对象、转化方式以及转化目的进行了高度概括,明确了创造性转化工作的具体实践路径。

首先,关于转化的对象。这是在创造性转化中需要首先考虑的问题,究竟哪些文化需要进行转化、可以进行转化、值得进行转化,需要结合各方面条件进行综合考量。一方面,要深刻掌握传统文化的历史特性,另一方面需要结合新时代的特点与人们的文化需求。中国优秀传统文化中对于今天仍有借鉴意义的思想观念,如孝理念与孝文化,这是我们今天所需要的,但在传统时代所倡导的愚孝则是我们不可学习的,因此,这就需要进行创造性转化。

其次,关于转化的方式。主要是通过改造的方式赋予中国优秀传统文化新的内涵与形式。既然是通过改造的途径,表明我们既不是另起炉灶,也不是凭空捏造。改造的前提在于已经具有了一定的基础,是在此前基础上的修改——这也是我们对于中国优秀传统文化应该持有的态度与敬意。对中国优秀传统文化新内涵的赋予要求转化的结果必须符合当代人的思维习惯,甚至是必须符合并反映社会主义新时代的核心价值观。赋予新的形式要求转化的结果必须是人民群众喜闻乐见的,并满足人们文化审美趣味与倾向,同时贴近现实生活的文化。

最后,关于转化的目的。最根本的就是赋予中国优秀传统文化新时代的生命力。按照文化的本性来说,文化永远处于不断发展之中。不能跟随时代脚步前进的文化必然走向衰亡，丧失生命力。进入社会主义新时代，社会发生了根本性的变革，客观实际也发生了变革，要求中国优秀传统文化要做出相应的改变，主要方式就是进行创造性转化。推动中国优秀传统文化的创造性转化能够最大限度满足中华民族伟大复兴对于中华传统文化的渴望与期待。

正如一位学者所说，"中国传统文化不可能在本来意义上被复制和再现，而要在更高的历史基点上弘扬优秀成分和正能量，这一使命，只有通过创造性转化和创新性发展才能完成"。在新时代，我们需要、渴望中国传统文化为我们提供智力支撑，提供精神支柱，但是我们所期待的是符合新时代核心价值观，适应现代生活的，通过创造性转化被赋予新的内涵与形式的中国优秀传统文化。

第二节　中国优秀传统文化创造性转化的意义

一、社会主要矛盾变化的现实需求

习近平总书记指出，中国特色社会主义新时代，我国社会的主要矛盾是人民日益增长的美好生活需要和不平衡不充分的发展之间的矛盾。社会主要矛盾的变化关系和影响着党和国家各项重大事业和工作，对包括中国特色社会主义文化建设在内的各项事业与工作提出了新的要求与期待。

对于中国特色社会主义文化建设，尤其是对于传承、弘扬中国优秀传统文化的历史工程，要服务于解决这一社会主要矛盾的大局，抓住实现创造性转化这一着力点，满足人们日益增长的对于美好生活中的精神文化需要，促进经济与文化、物质与文明的平衡与充分发展。

改革开放以来，人们的物质生活日益丰富，但是精神生活却相对滞后，尤其是现代社会，人们对于精神生活的渴望程度日渐增强，对精神文化产品质量的要求日益提高。相较于传统社会而言，人们的精神生活与物质生活之间的张力与矛盾呈日渐扩大的趋势。中国优秀传统文化是我们中华民族的精神血脉，承载着中华民族儿女千百年来的共同记忆，是整个中华民族的精神归属。中国优秀传统文化中蕴含的"德性优先"的取向与"以义制利"的规范，有助于我们今天重建当代中华儿女的精神世界，重新发现自我、缓和人与自然的紧张关系、改善人与人之间关系的重利轻义趋向。

十一届三中全会以来，我国的经济发展取得了举世瞩目的成就，但是文化事业的发展远不能与经济发展相比，文化领域的成就，尤其是文化的软实力、国际竞争力及全球影响力与我国当前的国际地位很不相称。我国虽然是文化大国，但依然不能称之为文化强国。文化发展上的相对落后地位，在一定程度上影响与制约了包括经济在内的我国各项事业的整体协调推进与发展。换言之，文化事业与经济事业之间的发展速度与程度上的差异阻碍了综合国力的提高。正本清源，活水自来，中国优秀传统文化是中国特色社会主义文化的源头，在建设中国特色社会主义文化中，实现中国优秀传统文化的创造性转化，是非常关键与基础的一步。

中国优秀传统文化虽然历经数千年的发展，但其中包含着超越时代的思想与精神内涵，历经千百年依然对我们当今的现实生活依然具有指导意义，跨越千年依然闪烁着智慧的光辉。随着中国特色社会主义进入新时代，新的矛盾、新的挑战、新的问题也随之而来。对于化解各种新的矛盾、应对各种新的挑战、解决各种新的问题，中国优秀传统文化为我们提供了许多传统的智慧、传统的方案，然而食古不化、生搬硬套是无济于事的，中国优秀传统文化需要我们在继承传统的基础上进行创造性转化。

二、中华民族伟大复兴的必然要求

习近平总书记指出，"没有高度的文化自信，没有文化的繁荣兴盛，就没有中华民族的伟大复兴"。中华民族伟大复兴必然包含着文化的复兴。文化的复兴是中华民族复兴的灵魂与核心。在中华民族伟大复兴的进程中，中国优秀传统文化既是凝聚人心的精神纽带，又是形成合力的精神动力。

自1921年中国共产党成立始，党领导人民经历了革命、建设、改革等不同的历史时期，党的十九大的胜利召开，宣布了党领导人民进入了复兴的新时代。党领导人民在革命、建设、改革中创造了革命文化和社会主义先进文化，在新时代，党领导人民进行中国特色社会主义文化建设，加强对传统文化传承与弘扬更是题中应有之义。复兴的中国、复兴的新时代比任何时期都更加渴望中国优秀传统文化的创造性转化。

纵向而言，文化的复兴，就是要使传统文化中的积极、优秀成分能够满足新时代的需要，使其价值在新时代得到体现。横向而言，中华民族文化在世界民族文化之林中的地位正在不断提高，其中所具有的世界性的优秀成分也得到世界人民的欣赏、尊重与认同。在新时代实现中华民族伟大复兴，更需要统筹推进"五位一体"总体布局，进而推动人的全面发展、社会的全面进步。在"五位一体"总体布局中，中国特色社会主义文化建设是灵魂，中国优秀传统文化是中国特色社会主义文化的精神基因。推动中国优秀传统文化的创造性转化，能够沟通过去、现在与未来，使优秀传统文化在新时代焕发勃勃生机，凸显其当代价值。

文化的力量是巨大的，也是无形的。中国优秀传统文化蕴含着中华民族精神、坚定着民众的理想信念、支撑着大众的价值体系。中华民族优秀的传统文化能够熔铸民族精神，进而坚定民族信心、坚守民族初心、团结民族力量、激发民族能量，推动中华民族复兴的伟大征程蹄疾步稳地进行下去。

三、中国优秀传统文化自身发展的内在要求

文化的发展总是伴随着人类社会的发展，中国优秀传统文化孕育于五千多年

的中华民族文明史，我们今天所处的社会主义新时代也是五千年文明史的延续。新时代渴望并呼唤着在传承基础上创新的中国优秀传统文化。换言之，中国优秀传统文化在新时代依然要保持价值与地位，就必须牢牢把握新时代的脉搏，围绕社会主要矛盾，进行创造性的转化，以此焕发其新的生机与活力。

按照文化发展的规律，中华传统文化是在文化持续不断、绵延不绝的发展过程中所形成的产物，中国优秀传统文化是不同历史时代文化积淀的社会结晶。每个时代有每个时代的文化，不同时代的文化其基本内涵虽一脉相承，但其内容与形式各异，都各有其存在的合理性。每一时代的文化在中华传统文化发展史都居于承前启后的地位，具有枢纽中介的作用。不同的社会形态和不同的生产、生活方式对应着不同形态的文化。中华传统文化的生存基础是传统的农业社会，其在农业社会生产、生活经验基础上形成的文化形态与今天步入工业社会新时代的市场经济、民主政治、价值观念等存在着一定程度的差异。因此，在传统文化的创造性转化中还应该重视将传统文化与当下的语境对接，在新的语境中赋予其新的内涵。

习近平总书记对于如何发展新时代中国特色社会主义文化的论述中，有三点值得特别注意：第一，坚守中华文化立场；第二，立足当代中国现实生活；第三，结合当今时代条件。这三点正是对如何传承与弘扬中国优秀传统文化的要求与期望。在传承与弘扬中国优秀传统文化的过程中，坚守中华文化立场这一点，要求我们明白我们的出发点是中华文化，而不是其他什么民族文化，这要求我们充分考虑到中华文化本身的独特性，也就是中华文化的独特精神内涵与显著的身份标志，而其独特性，恰恰来自其传承数千年的传统性。立足当代中国现实这一点，要求我们时刻牢记我们国家现在依然处于社会主义初级阶段，依然处于发展中国家阶段，无论是经济，还是文化事业的发展，都还有很长的路要走。结合当今时代条件这一点，对于中国优秀传统文化的传承与弘扬而言有着最为现实与直接的关系。具体而言，中国优秀传统文化的创造性转化，需要充分考虑新时代具备什么样的创造条件，需要什么样的转化成果，只有牢牢把握了这两点，才能顺利实现传统文化的创造性转化。

中国优秀传统文化中虽然包含着传承数千年而不易本色的精神内涵，但是难免有其历史局限性，这也是客观存在且不可否认的。中国优秀传统文化正是在一代一代的传承中，不断地激浊扬清、推陈出新。时移世易，中国优秀传统文化中的具有恒久色彩的思想观念、人生哲学、治国理念、思辨精神等，需要打上新时代的烙印，从内容到形式都要符合新时代的要求与标准。从根本上说，就是满足并契合新时代对于传统文化的需求，使其能够灵活运用，付诸实践、指导实践。

文化的生命力体现在实践功能上，即活的文化是可以运用的，而不是博物馆里陈列的文物。中国优秀传统文化的功用主要体现在启迪智慧、培育人格、凝聚人心，形成整个民族的集体认同感与归属感。对于中国优秀传统文化的运用，并不是简单的生搬硬套。文化无法脱离所处的时代而单独存在，中国优秀传统文化中跨越时空的基本内涵也需要在新时代找到能够被其接受的表达形式。新时代对中国优秀传统文化的补充与发展，要不断融入中华传统文化这条长河之中，使其成为中华传统文化不可分割的一部分。

第三节　如何推动中国优秀传统文化创造性转化

一、标准在于是否满足新时代需要

传承数千年之久的中国优秀传统文化之所以依然需要进行创造性转化，原因在于其中部分内涵与形式不适应新时代发展的需要。其最终目的是重新焕发传统文化的生机与活力。综合上述两点我们可知，在新时代，对中国优秀传统文化进行创造性转化结果评判的标准在于是否满足了时代的需要。

中国特色社会主义新时代是一个一体多面的概念，它不仅是决胜全面建成小康社会、进而全面建设社会主义现代化国家的新时代，也是不断满足人民群众对于幸福美好生活期待的新时代，还是实现中华民族伟大复兴的新时代，更是中国日益走进世界舞台中心，推动构建人类命运共同体的新时代。

在全面建成小康社会的五项指标中，重要的一条就是加强文化建设，明显提高全民族的文明素质。在中国传统的伦理社会中，儒家伦理教化思想盛行，其中虽然有不少糟粕，但更多的是对于今天有借鉴意义的道德观念，如仁、义、礼、智、信等。这些产生于传统时代，并盛行于传统社会的道德规范与理想信念，经过创造性转化后成功与否，关键在于其是否有助于构建社会主义核心价值体系，是否能够提高全民族的文明素质。

时代的需要也就是人民的需要，时代的期待也就是人民的期待。在一定意义上，中国优秀传统文化创造性转化成果如能满足时代的需要，也就意味着其能满足人民对于丰富多彩的文化的需求，能满足人民对于美好生活的期待。人们对于文化生活的期待体现在以下几个方面：第一，与现实的物质生活相匹配；第二，与互联网时代快节奏的现代生活相匹配；第三，满足人们对于更深层次的精神生活的需要。

随着中国日益走进世界舞台的中心，综合国力对于文化软实力的要求越来越强烈、越来越迫切。在国际舞台上，民族文化是一个国家区别于其他国家的重要标志，而传统文化正是其核心特色所在。中华传统文化在构建中国特色，彰显中国魅力，体现中国风格中扮演着核心角色。对于中国优秀传统文化创造性转化的成果而言，能否为中国在全球治理方面提供中国智慧，提出中国方案，也是其转化成功与否的判断标准之一。

二、前提在于坚定文化自信

习近平总书记指出，文化自信是更基础、更广泛、更深厚的自信，是推动社会变革、发展的更基本、更深沉、更持久的力量。文化自信是对本民族文化的坚定认同与充分肯定。文化自信，尤其是对于源自中华民族五千多年文明历史所孕育的中国优秀传统文化的自信，是我们自信能够顺利、成功地对中国优秀传统文化进行创造性转化的前提保障。文化自信能够赋予我们实现中国优秀传统文化创造性转化的智慧与能量。

文化自信既来源于民族自信力，也根植于历史自信力。文化自信与民族与国家的未来与命运关系重大。有学者指出："中国革命之所以能够在屡遭坎坷、屡受挫折中得以克敌制胜，改革开放之所以能够在屡遇困难、屡遭艰蹇中仍旧奋发前行，从深层次上探究原因，都是坚定而强大的文化自信在托底、在发力"。文化自信给予我们排除前进路上各种困难与障碍的勇气，给予我们应对各种风险与挑战的定力。

实现中国优秀传统文化创造性转化的前提在于坚定文化自信，只有坚定文化自信，才能够增强自觉抵制错误思潮的能力与定力，能够旗帜鲜明地反对民族虚无主义的全盘西化主张，能够理直气壮地回击主张颂古非今的全盘复古倾向，能够正确辨识中国优秀传统文化中超越时空的价值，能够从容、自信地面向世界，自立于新时代。在新时代，推动中国优秀传统文化的创造性转化，既是脱胎换骨，又是旧貌换新颜，如果没有足够的文化自信，结果很容易走样，甚至导致对中国优秀传统文化的曲解、误解与歪解。

文化自信为我们在创造性转化中发挥敢为天下先的首创精神提供了底气与勇气。文化对于所处的时代与社会而言，具有相对的独立性，表现在文化有时候或超越或滞后于所处时代与社会，即超越或者滞后于人们的认知系统。此外，按照事物发生、发展变化规律，新生事物被社会大众接受必然要经历一个过程。中国优秀传统文化创造性转化成果既是对"旧"的文化形态的超越，也是对"既有"的社会状态的超越，考虑到整个社会民众认知水平的差异，其创造性转化成果相对于所处社会具有一定的超前性。因此，新的文化形态在初生阶段不一定被大多数社会民众所接受，甚至会有抗拒、排斥、抵制等情况的出现。在此情况下，只有对民族文化具有坚定的自信才能给予我们面对质疑不忘初心的底气与勇气。

文化自信为我们在创造性转化中坚定不移地革故鼎新提供了智力支撑。文化作为传统的积淀，具有历史的惰性。推进对中国优秀传统文化的创造性转化，底气与勇气固然必不可少，但是更需要我们利用传统文化中的智慧，讲究策略、巧妙实施。由于传统文化与当今新时代之间客观存在的时空距离感，在对中国优秀传统文化进行创造性转化的过程中，难免遇到各种困难与问题。中国优秀传统文化作为中华民族的智慧宝库，恰恰为我们提供了许多化解困难、解决问题的智慧和策略。

三、根本在于立足伟大实践

中国优秀传统文化是中华民族宝贵的精神宝藏、智慧宝库，体量巨大、内容丰富，是中华民族接续发展的无形资源，在新时代，盘活这些库存资源的关键在于发挥人民作为文化实践主体的作用。

关于中国优秀传统文化的创造性转化工作可以从三个层次展开。第一，从理论上发挥理论的指导作用，对其予以理论上的论证与阐释。主要论证其理论依据、实践的可行性与可操作性，阐述现实功效与影响意义。第二，从舆论上发挥舆论的引领作用，通过媒体的宣传与引领，在全国范围内形成鼓励、支持传统文化创造性转化的舆论氛围，使其成为全民共识，使人们认识到实现中国优秀传统文化创造性转化的现实紧迫性与重要性。第三，从实践上积极发挥人民作为实践主体的作用。中国优秀传统文化产生于先民们日常生活，其转化利用要体现在新时代人民的日常生活之中。人民既是历史的创造者，又是文化的创造者。中国优秀传统文化的转化最终要依靠生活于其中的人民群众来推动和践行。

习近平总书记在十九大报告中提出，要"在实践创造中进行文化创造，在历史进步中实现文化进步"。在推动中国优秀传统文化创造性转化的过程中，需要深刻认识到我们是在建设中国特色社会主义伟大实践中进行的，深入了解这伟大实践的历程、现状、远景，明确这一伟大实践的最终目的，进而服务于这一伟大实践的需要。

文化虽然看不见摸不着，但确是实实在在地存在着，我们无时无刻不处于文化之中。虽然文化是智力创造的结果，但其有物质载体，并体现在有形的物质方面。因此，对文化的创造不能闭门造车，不能凭空捏造，而是要紧密结合实践，深入现实生活。对于中国优秀传统文化的创造性转化而言，我们需要在实践中、在现实生活中发现问题的症结所在，进而寻找转化的着力点，并在实践中寻找灵感、发现智慧的火花。

第四节　中国优秀传统文化创造性转化、创新性发展的实践

一、中国优秀传统文化创造性转化、创新性发展与中华文化研究阐释

中国优秀传统文化创造性转化、创新性发展的基础是对中华文化的研究阐释。习近平总书记在论述文物保护利用时多次强调要加强对文化遗产的研究和阐释，在论述构建中国特色哲学社会科学时强调要体现"系统性、专业性"。中共中央办公厅、国务院办公厅印发的《关于实施中国优秀传统文化传承发展工程的意见》

提出"深入阐发文化精髓"。只有深入研究阐释中华文化并做好社会普及，才能夯实基础，让中华文化的核心思想理念、中华传统美德和中华人文精神在当代人们的思想和心灵中扎根，形成广泛的社会共识基础。以中国优秀传统文化创造性转化、创新性发展为遵循，深入研究中华文化是一项基于中华民族伟大复兴的文化自信、回应时代需要、在精神生产领域的知识重建与再创造、价值更新与新阐释的文化实践工作，需要关注和深入思考。

（一）时代性问题

一个国家的现代化过程正是因为要处理其与传统文化的关系，所以才体现出自身的历史特点，这也正是我们坚持走中国式现代化道路的基本依据。对待中国优秀传统文化，中国共产党长期以来的重要方针是古为今用、推陈出新，坚持辩证对待中国传统文化的态度和传承发展中国传统文化的方向。中国优秀传统文化创造性转化、创新性发展在遵循这一方针的基础上，根据时代特点和要求进行了进一步完善和改进，使之带有鲜明的时代性，即把中国优秀传统文化作为中国共产党治国理政的重要思想来源、马克思主义中国化的精神基因和提高国家文化软实力的深厚源泉和重要途径，从而把执政党怎样对待传统文化、怎样传承传统文化、怎样发展传统文化提高到一个新的境界，为新时代研究阐释中华文化提供了根本依据。正是中国共产党带领全国各族人民经过艰苦卓绝的革命斗争建立了新中国，并最终探索出中国特色社会主义，让中国人民实现了从站起来、富起来到强起来的历史飞跃。这一宏大的历史进程以及中国特色社会主义道路的"寻路"过程和中国优秀传统文化的关系是什么？中国共产党从本土文化中汲取了哪些精髓及其营养来推进马克思主义中国化，并形成了中国特色社会主义理论体系？这些问题在知识领域往往被作为政治学研究，而在文化研究领域却被搁置了。习近平总书记指出："如果没有中华五千年文明，哪里有什么中国特色？如果不是中国特色，哪有我们今天这么成功的中国特色社会主义道路？"追本溯源，中华五千年文明孕育出"中国特色"，标志着中华民族的精神独立性；继往开来，中国共产党继承弘扬中国优秀传统文化，不断推进马克思主义中国化；面向未来，马克思主义将不断激活优秀传统文化生命力，让中国特色社会主义根更深、枝更壮、叶更繁茂。这就是中国共产党成立百年来始终坚定的文化自信，这样的文化自信包含着深刻的历史逻辑、理论逻辑和实践逻辑。新时代研究阐释中华文化的时代性就是要把这样的历史逻辑、理论逻辑和实践逻辑讲清楚。

（二）主体性问题

20世纪80年代以来，西方理论大量涌入中国，为中国知识界拓展视野、借鉴利用西方现代社会科学积累有益的知识体系，发展中国哲学社会科学提供了若干工具手段，但是也出现了套用西方理论范畴和分析框架"剪裁"中国实践的一些问题，有的甚至被人家牵着鼻子走。没有主体性，就难以建立自己的知识体系、理论体系。新时代研究阐释中华文化的主体性，就是在文化自信基础上坚持中华民族精神的独立性。"坚定文化自信，是事关国运兴衰、事关文化安全、事关民族精神独立性的大问题。"20世纪30年代我国学术界曾形成一股研究、编纂文化史的热潮，陈登原在《中国文化史》中阐述中国文化在世界之地位时，引用友人卢于道的文章列举了美国宪法规定中国人不得为美国国民，美国女子嫁给中国人者即失去国籍，加拿大、澳洲无不严禁华人入口等鄙视中国人的种种行为，甚至有些西方学者研究中国人脑为劣种脑子，并因此怀疑中国的纸、印刷等发明不是中国人所能做到的。"于今国力陵夷，声势迫蹙。怀百岁忧者，常有故国文物，日薄崦嵫之感。……于斯时也，能避免于劣等民族之讥，固已幸矣。"当时的文化研究热潮正是中华文化陷入严重危机、文化自信受到严重挫伤在知识界的强烈反映，西方知识界对中国人和中国文化的所谓"研究"结合了霸权文化的"人种优胜"论，明显建立在严重的意识形态偏见和民族偏见基础之上。正是当代中国的伟大实践和中国特色社会主义事业的历史性成就，才使中华文化的研究阐释具有了坚定文化自信、弘扬中华文化主体性、独特性和独立性的坚实基础。在此基础上，我们要努力创造出中国概念、中国理论，用能够和西方沟通的中国概念、中国理论阐释中华文化，解释当代中国现实，回答"时代之问"，在准确定位自己的同时，也让世界了解中国。

（三）体系性问题

中国优秀传统文化创造性转化、创新性发展必然对中华文化研究阐释提出在学科体系、学术体系、话语体系建设方面的要求。郑永年认为："借用他人的话语权来向他人推广自己，这是中国知识界所面临的一种困境。"对中华文化的研究阐释，如果不能建构起一个强大而富有生命力的知识体系，就无从谈起中华民族伟大复兴。如何重建中华文化研究阐释体系？首先，从方法论角度来讲，要以马克思主义的立场、观点和方法为指导。中国优秀传统文化创造性转化、创新性发展的理论本身就是以马克思主义的立场、观点和方法为指导形成的创新理论成果，是指导研究阐释中华文化的根本遵循。只有用马克思主义的理论体系和知识体系研究阐释中华文化，才能坚持问题导向，介入当代中国现实生活，把中国优秀传统文化与马克思主义中国化之间的辩证关系体系地、学理地、逻辑地阐释出来，才能把中国共产党在建党百年历史实践中继承和弘扬中国优秀传统文化的丰富内涵阐释出来。其次，从学术体系构建来讲，要重建中华文化演变与对马克思主义、西方文化"我们中国人必须用我们自己的头脑进行思考，并决定什么东西能在我们自己的土壤里生长起来"之间的深层次联系。比如，中国共产党如何成为中华民族精神和中华文化血脉杰出的集体性的代表，把"天下为公""世界大同"的古老思想转化为社会主义和共产主义的理想和信念，把"国以民为本、社稷亦为民而立"的民本思想转化为全心全意为人民服务的党的性质和宗旨，把"天下兴亡、匹夫有责"的担当意识、精忠报国振兴中华的深厚传统转化为爱国主义精神，把中国王朝政权更迭的"汤武革命"转化为人民民主专政的现代革命等。

二、中国优秀传统文化创造性转化、创新性发展与文化遗产保护传承

探讨研究阐释中华文化是侧重从知识领域思考对中国优秀传统文化创造性转化、创新性发展的实践，探讨文化遗产保护传承则是侧重在造物领域思考对中国优秀传统文化创造性转化、创新性发展的实践。我国文化遗产保护对象中有大量的物质文化遗产以及由生产这些物质形态的技艺形成的非物质文化遗产，如古遗址、古遗存、瓷器、丝绸、漆器、家具、园林、古村落、传统民居、建筑等，集中体现了中国造物文化的理念和精神。现存文化遗产以及考古挖掘中继续发现的文化遗产是传统文化的物质载体和技艺呈现，蕴含着中华民族的文化基因。从造物文化的角度思考如何实践中国优秀传统文化的创造性转化、创新性发展，是当代中国文化建设的重大课题。

（一）以马克思主义立场观点重新审视文化遗产中的造物文化

历史唯物主义群众史观认为，历史的发展，归根到底是人民群众根据自身利益和意志进行选择的结果。贯彻好党的创新理论，文化遗产保护传承首先要坚持马克思主义群众史观，牢固树立文化遗产是劳动人民创造的理念，在向国内外展览展示中国古代领先世界的辉煌造物文化中，要从中看到背后的"人"，看到中国劳动人民凝聚在器物中的对宇宙、社会和人的理解及其审美理想、造物智慧。中国传统社会重"士"不重"工"、重"道"不重"器"，甚至视民间的发明创造为"奇技淫巧"，这从珍贵文物大都作者不明上就可以体现出来。古代历史典籍中有一些造物文化经典著作，如《考工记》《天工开物》《营造法式》等，但放到整个历史典籍中可谓少得可怜。如何让文物、遗产这些静态的造物"活起来"，

最重要的就是克服"见物不见人",让创造它们的劳动人民"活起来",让造物内蕴的生产劳动、功能审美、形式技艺等"活起来"。不得不说,在这一方面我们的文化遗产保护传承还存在着严重不足。

(二)着力构建中华传统造物体系及其当代价值体系

由于受到中国传统社会知识体系结构的影响,中华传统造物体系缺乏总体性的历史研究和系统性传承。缺少古代造物类典籍及其研究成果的帮助和支撑,当代中国设计的创新创意就会缺乏本土文化的深厚影响,要么多以留存的传统造物为原型进行模仿复制,要么就是以西方设计理念为内在支撑掺入一些古代的物件、外形等作为所谓的"中国元素"。哲学和人文社会科学领域对造物文化存在明显的偏见,不习惯或不擅长从器物、服装、饮食、建筑、运输工具等物质生产史角度研究中国传统文化,有意无意地忽略了造物文化研究。如果把当代中国的创意设计产品作为当代"造物",我们不免要问:当代创意设计产品还能否从中国古代领先世界的造物理念中汲取营养并创造出领先世界的国际性品牌?在信息化的社会或网络社会产生的数字产品、虚拟产品如何体现中国工匠精神?要回答这样的疑问,就需要我们对中华传统造物体系与精神文化体系的内在联系做出深入阐释,并从中挖掘其对当代中国物质文化建设的价值意义。实际上,中国传统造物在模型体系、实用思维、时空观念等方面具有独特的民族文化特征,这些司空见惯而又极易被忽视的现代特征正是中国传统造物进行现代转型的重要文化依据,甚至成为影响世界现代化进程的重要因素。因此,文化遗产保护传承不能止步于保存、收藏,也不能止步于静态的展览展示,应该利用好各种文化遗产资源,基于造物文化与精神文化之间的关系及其呈现,着力构建中华传统造物体系及其当代价值体系。

（三）遵循创造性转化、创新性发展的内在要求创新造物文化的展览展示

文物及文化遗产展览展示是通过让人们接触、了解文物和文化遗产，普及、传承优秀传统文化的知识、价值、理念和精神，培育文化认同、民族认同的重要载体和形式。对非专业的大众而言，传统造物自身不会"说话"、不会与人们进行交流，必须辅之以对传统造物承载的思想理念、价值标准、审美风范的解说，才能让人们体会和涵泳。近年来，在传统造物的展览展示方面涌现出数字化新形式，体现了文化遗产保护传承在创造性转化、创新性发展方面的进步和质量。但这些新形式只是对传统造物具有高度选择性的、局部或点状的展览展示，还不能完全取代总体性、系统性的传统造物展览展示及价值和意义。中国优秀传统文化创造性转化、创新性发展是内容和呈现载体的双重转化和发展，对于以物质形态存在的传统造物而言，这样的双重转化和发展，既需要以社会现实的时代要求为标准，把传统造物创造理念和精神转化为具有当代价值的"内容"，又需要为当代造物的创新创意发展提供传统造物有意味的"形式"。

三、中国优秀传统文化创造性转化、创新性发展与当代文化产品创意生产消费

从市场领域审视中国优秀传统文化创造性转化、创新性发展，必然要与当代文化产品的创意生产消费结合起来。当代文化产品的创意生产消费是传统文化产品创造性转化、创新性发展的结果，产生这一结果的过程有的是直接的、有的是间接的，有的是有意识的、有的是潜意识的，有的是表象的、有的是内在的，有的是整体性的、有的是要素撷取性的，当然也有的是好的、有的是坏的，但无论是顺承还是颠倒，无论是西方还是中国，现代和传统的精神联系在当代文化产品的创意生产消费中无法全部被割断。至于这一精神联系如何建立和发展，这正是中国当代文化产品的创意生产消费的实践需要思考的问题。

（一）传统文化资源的转化利用问题

从对传统文化产品的传承创新层面来看，当代文化产品复制、模仿较多，真正有创意的产品较少；国际品牌匮乏，贴牌加工产品泛滥，与中国传统文化资源的丰富性和中国传统造物的系统性相比反差太大，很不"匹配"。从中国当代设计的文化根源上追问，中国文联副主席许江认为："传统的造物是在一个造化链中形成的，造化之链的上下左右形成共生制约的关系，所以不会失度。但在今天，在预定的消费行为泛滥之时，就容易失度，容易过度。"①我们缺乏对我们自己的生活方式的设计，"要开拓自己的领域，树立自己的形象，就是要在自己的生活中重建与传统生态和自然生态的联系，由此来建立有中国特色的设计品牌"。②如何建立有中国特色的设计品牌？"还是得回到一个民族的文化根源、消费习惯、生活生存方式里面去进行创造。"③中国优秀传统文化创造性转化、创新性发展的物质形态的呈现最终要体现在当代文化产品的创意、设计和生产上，同时在广泛消费中实现文化价值的广泛传播。在社会层面，通过消费文化产品重塑传统的尊严和魅力，或许比理论阐释、价值描述和理念灌输更有效果，或者至少是当代中国社会不可或缺的传统文化的传播途径。传统文化资源如何转化为当代创意产品，既涉及文化市场主体的内容创新、形式创新和技术创新等问题，也涉及传统造物体系及其技艺的研究和教育问题，这是当下社会受到"Z世代"喜爱和追捧的"国潮文化""国潮经济"热所需要深思熟虑的问题。

（二）企业和市场问题

资金资本要素很长时间以来一直是内容性文化企业特别是传统内容性文化企业发展的瓶颈性要素，社会资金资本先是向企图占据垄断地位的平台类企业集聚，随着数字技术走向纵深，紧接着又不断向数字文化产业集聚，在"元宇宙"、NFT、VR/AR/XR等数字虚拟技术领域，资本力量随时都在驱动其迅速进入文化领域，特别是向娱乐性强的领域加快集聚。相反，在内容企业领域，资本、科技、人才等产业要素的集聚程度很低。资本从来不会对传统美德、人文情怀、艺术审美、社会风尚投资，它只会收购占据它们并将其转化为利润或者股东的利益。这或许符合市场逻辑和资本规律，但是，对资本的逐利本性如果不加以规范、约束和引导，文化如果被资本所俘获，就会给文化带来不可估量的危害。近年来在政策层面提出文化企业必须始终坚持把社会效益放在首位，实现社会效益和经济效益相统一，要弘扬企业家精神和工匠精神，企业要加强社会责任等等，应该说都是在这样的背景下提出的文化治理策略。

四、中国优秀传统文化创造性转化、创新性发展与新时代道德建设

道德建设与社会稳定密切相关，没有共同的道德基础和价值观念，就没有和谐稳定的社会秩序。中国优秀传统文化蕴含着丰富的思想道德资源，是当代中国核心价值观的固有的根本和来源。习近平总书记把道德建设提到国家文化软实力的高度，强调要继承和弘扬我国人民在长期实践中培育和形成的传统美德，坚持马克思主义道德观、坚持社会主义道德观，努力实现中华传统美德的创造性转化、创新性发展。

（一）中华传统美德的创造性转化、创新性发展，要采取辩证态度

中华传统美德是在中华文化不断发展、不断积淀、不断传承中形成的传统社会的价值理念和道德规范，铭刻着中华民族独特精神的"中华印"，被英国哲学家罗素称为"中国至高无上的伦理品质"，是中华文化的精髓。我们今天要培育具有当代精神的社会主义核心价值观，首先要以中华传统美德为其固有的根本和精神的血脉，在这个根本和血脉上进行创造创新。同时，中华传统美德是在中国传统社会的绵延发展中形成并稳固下来的，与中国传统社会结构相适应，而面对

于社会主义市场经济、民主政治、先进文化、社会治理等，有些价值内涵需要重新阐释，有些表现形式需要加以改造，还有些价值内涵要加以补充、拓展和完善，因此我们必须采取辩证的态度，坚持古为今用、推陈出新，既要守正，也要创新。伴随着国际国内形势的深刻变化，当代中国社会的思想活跃程度、观念碰撞强度、文化交融深度前所未有，思想文化力量在综合国力发展中的战略作用进一步凸显。采取辩证的态度对待中华传统美德，就是要通过创造性转化、创新性发展，激活中华传统美德在当代中国的生命力和活力，塑造新时代思想道德体系，不断夯实中国特色社会主义的思想道德基础。

（二）中华传统美德的创造性转化、创新性发展，还要有开放包容的气度和自信

有学者研究指出，历史上，中国至少有三次被公认为地区最强大的国家，这三次是指从秦朝统一到汉朝、唐朝、明朝，汉代的制度创新和经济、文化，唐朝的开放和文化崛起，是中国给世界印象最深刻的地方。特别是鼎盛时期的唐朝，被称为开放的帝国，在文化全面向外开放的同时，能够把外来的文化整合进自身的主体文化。应该说，社会主义核心价值观的提炼和形成就体现了文化开放与包容的气度和自信。它在国家、社会、公民层面提出的价值要求，来源于中国古代修身、齐家、治国平天下的思想。在体现社会主义本质要求的基础上，也充分吸收了世界文明有益成果，充分体现了中国价值、中国精神的开放包容的气度和自信，也为我们勾画出了国家、社会、个人的美好愿景。当然，从培育和弘扬社会主义核心价值观的深入实践来讲，还需要在教育引导、舆论宣传、文化熏陶、实践养成、制度保障中，坚持开放包容的气度和自信，克服文化自卑自弃和文化自大自傲两种极端，逐渐协调适应与市场经济、民主政治、先进文化、社会治理等的关系，达成民族复兴的美好愿景和人们所期盼的美好社会。

(三）中华传统美德的创造性转化、创新性发展，更要坚持道德价值的独立性

每个时代有每个时代的道德价值，每个国家、每个民族都有属于它自己的道德价值。基于人类的德性，总有一些共同、共通的普遍性道德价值，否则就不会有人类文明的交流、对话和互鉴互赏。但所谓是道德的"普世价值"并不是抽象的概念，而是熔铸在一个国家、一个民族的历史和现实的血脉当中。马克思说："良心是由人的全部知识和全部生活方式来决定的。"也就是说，道德价值是具体的，是历史的、实践的、现实的。因此，道德价值的独立性就体现为国家和民族的精神独立性。因此，习近平总书记指出："一个民族、一个人能不能把握自己，很大程度上取决于道德价值。……如果没有自己的精神独立性，那政治、思想、文化、制度等方面的独立性就会被釜底抽薪。"国无德不兴，人无德不立。道德当身，故不以物惑。中华传统文化中包含着能够消解因过度现代化带来的"社会病""道德病"的丰富智慧，国外不乏对中华传统道德的研究、认同和吸收借鉴。新时代道德建设更应该以人民对美好生活的向往和需要为主，来处理传统文化中的道德遗产与新时代道德的结合创新。

推动中国优秀传统文化创造性转化是新时代建设中国特色社会主义文化的重要环节。中国优秀传统文化是中华民族的"根"和"魂"。推动中国优秀传统文化创造性转化是顺应社会主要矛盾变化的现实需求，是实现中华民族伟大复兴的必然要求，是中国优秀传统文化自身发展的内在要求。检验、评判中国优秀传统文化创造性转化成果的标准在于是否满足新时代需要；实现中国优秀传统文化创造性转化的前提在于坚定文化自信；顺利实现中国优秀传统文化创造性转化的根本在于立足伟大的实践。

参考文献

[1] 从云飞. 中国优秀传统文化 [M]. 北京：华文出版社，2021.

[2] 韩晓燕. 新媒体环境下优秀传统文化传播机制研究 [M]. 北京：经济日报出版社，2019.

[3] 黄力，姚选民. 雷锋精神与中国优秀传统文化传承 文化自信的当代理论建构 [M]. 北京：九州出版社，2017.

[4] 李梁，王金伟. 中国道路的话语体系建构 [M]. 上海：上海大学出版社，2019.

[5] 李若冰. 中国优秀传统文化读本 [M]. 昆明：云南大学出版社，2020.

[6] 李素霞，杜运辉. 博士生导师学术文库 中国优秀传统文化的传承与创新研究 [M]. 北京：光明日报出版社，2021.

[7] 柳诒征，吕思勉. 中国优秀传统文化传承发展工程学习丛书 文化十六讲 [M]. 北京：中国友谊出版公司，2017.

[8] 陆通. 中国优秀传统文化与文化自信 [M]. 吉林出版集团股份有限公司，2018.

[9] 秦海燕. 优秀传统文化的传承与创新 [M]. 吉林出版集团股份有限公司，2018.

[10] 王志文，牛继舜. 中华文化传承与传播策略研究 [M]. 北京：经济日报出版社，2017.

[11]向亚云,景扬,王溪明.建设好家风 传承中国优秀传统文化[M].北京:中国言实出版社,2017.

[12]张良驯,周雄,刘胡权.当代青少年中国优秀传统文化教育研究[M].北京:北京理工大学出版社,2015.

[13]张岂之.中国优秀传统文化的核心理念[M].南京:江苏人民出版社,2016.

[14]赵建华.社会主义核心价值观与中国优秀传统文化传承[M].石家庄:河北美术出版社,2016.

[15]赵坤.中国优秀传统文化当代价值[M].桂林:广西师范大学出版社,2019.